Jürgen Schwarz
Leichter lernen: Ethik

OMNIBUS

DER AUTOR Jürgen Schwarz, geboren 1940, ist Oberstudienrat für Deutsch, evangelische Religion, Ethik und Arbeitslehre an einem Gymnasium. Er ist verheiratet und hat zwei Kinder.

Jürgen Schwarz

Leichter lernen: Ethik

OMNIBUS

Band 20675

OMNIBUS

Der Taschenbuchverlag
für Kinder und Jugendliche
von Bertelsmann

Umwelthinweis:
Dieses Buch wurde auf chlorfrei gebleichtem Papier gedruckt.

Gesetzt nach den Regeln der
Rechtschreibreform
Erstmals als OMNIBUS Taschenbuch Oktober 1999

Eine textlich identische, aber anders gestaltete
Ausgabe dieses Buches erscheint im AOL Verlag
unter dem Titel „Ethisch handeln lernen"

Layout und Satz: Herbert Liebich
Innenillustrationen: Rita Reiser
Umschlagbild: Thomas Haubold/Which Art
Umschlaggestaltung: Atelier Langenfass, Ismaning
Umschlagkonzeption: Klaus Renner
Druck: Presse-Druck Augsburg

ISBN 3-570-20675-0
Printed in Germany

10 9 8 7 6 5 4 3 2 1

Inhaltsübersicht

Liebe Leserin, lieber Leser!

Immer, wenn in unserem Land Schreckliches passiert (Ein Kind wird von Triebtätern missbraucht. Ein Polizist wird von Hooligans zu Tode geprügelt. Ein Rentner wird von 16-Jährigen ausgeraubt und niedergestochen.) oder wenn die neue Kriminalstatistik veröffentlicht wird (Die Verbrechensrate bei Kindern und Jugendlichen steigt. Die Gewalt an Schulen nimmt zu. Die Schulhöfe sind Umschlagplätze für Drogen.), kann man hören, dass Tugenden aus der Vergangenheit verloren gehen, dass Werte an Bedeutung verlieren und dass ein sittliches Bewusstsein bei vielen Menschen nicht mehr feststellbar sei.
Man mag dem zustimmen oder auch nicht.
Nicht zustimmen, wenn man z. B. sieht, dass Völker und Volksgruppen sich auch miteinander verständigen können oder sich vielleicht sogar versöhnen und den Hass der Vergangenheit überwinden: die Schwarzen und die Weißen in Südafrika und den USA, die Deutschen und die Franzosen nach dem Zweiten Weltkrieg, die Israelis und die Araber nach vielen Kriegen.
Egal, wie man die gegenwärtigen Zeitlage sieht: Menschen brauchen zum Zusammenleben sittliche Ordnungen, weil sie in ihrem Verhalten nicht mehr von Instinkten gesteuert werden, wie das bei Tieren der Fall ist. Allerdings muss man diese Regeln lernen, und dazu möchte dieses Heft, so gut es kann, einen Beitrag leisten.
Am Anfang erfährst du, was mit „Moral“ und „Ethik“ eigentlich gemeint ist und wo wir ihnen in unserem Leben begegnen. Dann

folgen in einem zweiten Teil Überlegungen zu „Werten" und „Normen", den beiden tragenden Säulen jeder Ethik, wobei zu bedenken ist, dass einige Werte sich im Laufe der Geschichte verändern können, während andere zeitlos gültig bleiben.
Auf Werten und Normen aufbauend haben sich in der abendländischen Geschichte ethische Theorien ausgebildet, die über Einzelfälle hinausgehend das Verhalten der Menschen grundsätzlich regeln wollen. Das ist der Inhalt des dritten Teils, den man wie einen Abriss über die Geschichte der Ethik von der Antike bis in die Gegenwart lesen kann.
Im vierten Teil werden anhand von sechs Wertstellungen (Frieden, Freiheit, Gerechtigkeit, Solidarität, Toleranz, Wahrhaftigkeit), die wir zum Grundbestand unserer Demokratie zählen, wichtige Probleme der Gegenwart aufgegriffen von sehr persönlichen Fragen (Lüge und Strafe) über gesellschaftliche Aufgaben (Arbeitslosigkeit und Umweltschäden) bis hin zu globalen Schwierigkeiten (Rüstung und Menschenrechte).
Weitere Fälle finden sich in der Kopiervorlagen-Sammlung *Von der Wiege bis hin zur Bahre – Ethische Wechselfälle des Lebens (AOL Verlag A076),* dort verbunden mit aktuellen Meldungen aus dem heutigen Zeitgeschehen, die im persönlichen Bereich Menschen belasten und nach einer verantwortbaren Entscheidung verlangen.

Bei all diesen Problemen kann es keine endgültigen Lösungen geben, nur Hilfestellungen für einen verantwortungsbewussten Entscheidungsprozesss. Das ist nicht viel, aber in einer Zeit, in der viele den Eindruck haben, dass wir den ethischen Boden unter den Füßen verlieren, doch schon mehr, als alles gleichgültig an sich vorüberziehen zu lassen, weil man der Überzeugung ist, jede Entscheidung und Verhaltensweise sei gleich gültig, oder anders ausgedrückt, es sei doch alles egal. Das ist es mit Sicherheit nicht.

Du wirst in diesem Heft kein Patentrezept erhalten für die Antwort auf die Frage, wie man sich in schwierigen Situationen ethisch richtig verhalten soll, wohl aber ein Wissen um die Möglichkeiten ethisch verantwortlichen Handelns. Das ist ein wichtiger Schritt, vielleicht der wichtigste, auf dem Wege zum Ziel: „Ethisch handeln lernen". *Jürgen Schwarz*

1 Moral und Ethik

1.1 Moral und Ethik: Moral als Sammlung von Verhaltensmustern

Das Wort „Ethik“ kommt aus dem Griechischen. „Ethos“ ist der Ort, an dem man zu Hause ist, dann auch eine Bezeichnung für alle Sitten und Gebräuche, alle Gewohnheiten und Gepflogenheiten, die in diesem häuslichen Bereich anzutreffen sind. Zunächst sind es die ganz persönlichen Eigenarten des Verhaltens, dann aber zunehmend die typischen Umgangsformen von Gruppen oder ganzen Völkern, wobei der persönliche Lebensbereich mit eingeschlossen ist.

Ethos ist also ein Verhaltenskodex (Kodex = Sammlung von Gesetzen und Vorschriften), der sich von unmittelbaren Sitten und Gebräuchen ableitet, sich in bestimmten ungeschriebenen Gesetzen niederschlägt und dann Denken, Fühlen, Wollen und schließlich Handeln des einzelnen Menschen bestimmt. Dieses Ethos nennt man auch Moral (von lat. „mores“ = Sitten, Gesittung; vgl. die Redensart: jemanden mores lehren = ihn zurechtweisen, scherzhaft entstellt zu: jemanden Moritz lehren oder: jemanden Moses lernen).

Die Moral, da geschichtlich bedingt und gruppenbezogen, ist kein einheitliches Gefüge allseits anerkannter Regelungen. Gerade in unserer Zeit gibt es ein hohes Maß an moralischer Unsicherheit. Ein Ladendiebstahl ist für die einen ein strafbares

Vergehen, das man, wie in einigen arabischen Ländern üblich, mit dem Abhacken der Hand bestrafen sollte, für die anderen Ausdruck des Protestes gegen die kapitalistische Ausbeutung durch Kaufhauskonzerne. Oder man denke an die Zweifel, was denn nun richtig ist, in Fragen der Ehe- und Sexualmoral. Wir brauchen auf diesem Gebiet Verhaltensmuster.

Aber die Institutionen Staat und Kirche, die früher solche Muster geliefert haben, haben ihre Verbindlichkeit eingebüßt. An ihre Stelle sind andere Gruppen getreten, die nun ihren Einfluss auf diesem Gebiet geltend machen: die Familie, die Freunde, die Clique, die Idole aus der Welt der Mode, des Pop, des Films, des Sports. Alles ist privater geworden. Gleichzeitig hat die Pluralität (Plural = Mehrzahl, Pluralität = Vielfalt der Auffassungen) zugenommen und damit die Gefahr von Auseinandersetzungen, die manchmal sehr heftig ist.

Kann man die Schärfe der Auseinandersetzung mildern? Folgende Maßnahmen werden vorgeschlagen und z. T. praktiziert:

- Man vermindert die Geltungskraft von Werten, z. B.: Die Ehe ist zwar noch unauflöslich, aber man lässt Scheidung und Wiederverheiratung zu. Oder: Abtreibung ist verboten, aber sie wird, wenn man gewisse Regelungen einhält, nicht mehr bestraft.

- Man hebt Werte auf und gibt sie der Lächerlichkeit preis, z. B.: Wer sein Leben lang nur mit einer Frau verheiratet ist, gilt als rückständig.

- Man redet überhaupt nicht mehr über Werte und Normen und lässt alles zu, z. B.: Ob man eine gefundene Sache abgibt oder für sich behält, ist kein Streitpunkt mehr. Fundbüros in Städten werden geschlossen, weil schon seit Jahren nichts mehr abgegeben worden ist.

1.2 Moral und Ethik: Ethik als Forderung des Unbedingten

Die Ethik als die Wissenschaft vom Ethos ist der Überzeugung, dass es neben den verschiedenen voneinander abweichenden Moralauffassungen etwas Letztes, Allgemeingültiges, Unbedingtes gibt, das zu allen Zeiten und an allen Orten in gleicher Weise gelten sollte. Nicht eine Beschreibung („So ist es."), sondern eine Forderung („So soll es sein!") ist Inhalt der Ethik.

Dass es dieses Unbedingte gibt, wird immer dann deutlich, wenn Einzelne gegen den Zeitgeist, gegen die herrschende Meinung, gegen eine politische Ideologie auftreten und kraft ihres Gewissens etwas tun, was gerade nicht „in" ist.

Man kann es an Jesus sehen, der die Ehebrecherin nicht zum Tode verurteilte, an den Männern des 20. Juli 1944, die nicht mit den Nationalsozialisten paktieren wollten, an M. L. King, der nicht in den Hassgesang einiger seiner schwarzen Brüder mit einstimmte.

Alle haben für ihre Überzeugung mit dem Leben bezahlt und damit gezeigt, dass die unbedingte Forderung eine gefährliche Sache ist.

Schwimme gegen den Strom!

Aber nicht jeder Querkopf steht auf der Seite des Guten. Gegen die Überzeugung der Mehrheit eine abweichende Meinung zu äußern ist alleine noch kein Zeichen von Qualität. Ob die im Namen des Unbedingten vorgetragene Forderung etwas Gutes oder etwas Böses ist, muss immer erst noch im Gewissen überprüft werden.
Zu der Entscheidung hilft, dass man das vermeintlich Absolute in Beziehung setzt zur herrschenden Moral, dass man seinen Kopf gebraucht, vernünftig argumentiert und sich vor allem die Folgen deutlich macht, die aus der einen oder anderen Handlungsweise entstehen.

Die Gegenüberstellung von Moral und Ethik ist im Laufe der Zeit in immer neuen Begriffspaaren durchdacht worden:

Sitte und Sittlichkeit	bei Aristoteles
Moral und wahre Moral	bei Blaise Pascal
Legalität und Moralität	bei Immanuel Kant

Für die Begriffsdoppelungen gilt, dass die Verhaltensvorschriften, die der jeweils erste Teil fordert, erfüllt werden, weil man Angst vor sozialer Ächtung, gerichtlicher Verfolgung oder der Strafe im Jenseits hat. Im anderen Falle wird die Vorschrift um ihrer selbst willen getan, weil sie in sich gut ist. Eine legale Handlung ist nicht schlecht, vor allem dann nicht, wenn das Gesetz mit dem Guten in seinem unbedingten Sinn übereinstimmt, aber sie hat mitunter keine moralische Qualität, weil sie nicht sittlichen Motiven entspringt.

1.3 Moral und Ethik: Lebensbereiche von Moral und Ethik

Die menschlichen Bereiche, die durch Ethik abgedeckt werden, lassen sich in dreifacher Weise kennzeichnen:

Ethisches Verhalten zu mir selbst (Individualethik)

Dieser Bereich lässt sich nicht eindeutig von der Sozialethik trennen. „Du sollst deinen Nächsten lieben wie dich selbst!" Dieses Gebot aus dem Alten Testament bindet beide Bereiche aneinander. Wer das Individuelle betont, etwa im Begriff „Selbstverwirklichung", muss sich darüber im Klaren sein, dass ein anderer immer davon mitbetroffen ist. Was dieses „Selbst" in „Selbstverwirklichung" ist, lässt sich nur schwer bestimmen. Wenn es der Kern des Menschen ist, aus dem heraus er Kraft und

Ausdauer schöpft, um ein mitmenschlicher Mensch zu werden – gut, dann sollten wir uns alle selbst verwirklichen.
Wenn „selbst" den egoistischen Anspruch ohne Rücksichtnahme auf den anderen meint, dann steht es schlecht um die „Selbstverwirklichung".

Ethisches Verhalten gegenüber anderen (Sozialethik)

Der eben beschriebene soziale Aspekt reicht weiter, wenn wir auch die verschiedenen Ordnungen sehen, in denen wir leben: Familie, Schule, Betrieb, Verwaltung, Staaten. Die Sozialethik hat sich in jüngster Zeit gerade den weltweiten Verflechtungen zugewendet und die Probleme sichtbar gemacht, mit den wir in Zukunft verstärkt zu tun haben werden: ungerechte Wirtschaftsordnungen, Hunger, Krieg, Unterdrückung, ethnische Säuberungen.
Der im Umfang kleinere Bereich der Individualethik und der sehr viel größere Bereich der Sozialethik lassen sich oft nicht voneinander trennen.
Wenn ein Lehrer in der Schule einen Schüler prüft, dann kann er viel dafür tun, dass der Schüler keinen Stress erlebt: Er kann ein freundliches Gesicht machen, jede Frage noch einmal erklären, hilfreiche Hinweise geben und vieles mehr. Und doch wird er darauf achten müssen, dass es schließlich eine Prüfung ist. Am Ende wird eine Note gegeben. Von dieser Note hängt vielleicht das Bestehen des Examens ab. Das wiederum berechtigt zum Besuch einer weiterführenden Schule, bei der man für einen Beruf qualifiziert wird, von dem Wohl und Wehe der Gesellschaft abhängt.
Beide Aspekte dürfen also nicht miteinander vermengt werden. Sozialethisch betrachtet wird ein Lehrer nicht verantwortungsvoll handeln, wenn er nur gute Noten verteilt, weil er dann die Schüler nicht auf den Ernst des Lebens vorbereitet.

Individualethisch betrachtet verhält sich der Lehrer dagegen sehr menschenfreundlich, weil er die Schüler vom Leistungsdruck und vom Konkurrenzdenken in der Schule befreit. So argumentieren manchmal Religionslehrer, wenn sie ihren Schülern nur „gute" Noten geben.

2 Werte und Normen

2.1 Werte und Normen: Begriffsbestimmung

Was sind Werte?

Werte sind Grundhaltungen, die ein wünschenswertes Ziel bezeichnen, z. B. Liebe, Gerechtigkeit, Tapferkeit. Dieses Ziel ist umfassender als eine Norm, weil es den Menschen noch nicht auf eine bestimmte Handlung festlegt, sondern die Grundlage vieler möglicher Handlungen sein kann.
Das könnte für den Wert „Gleichheit" folgendermaßen aussehen:

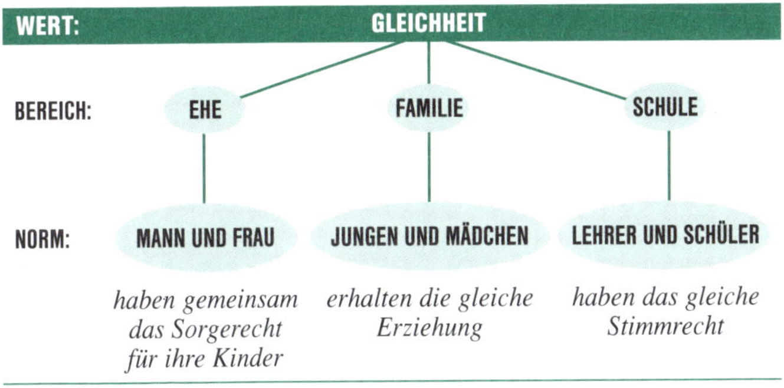

Der Wert „Gleichheit" kann also in unterschiedlichen Bereichen auf unterschiedliche Weise verwirklicht werden.

Was sind Normen?

Normen sind Vorschriften, Gebote und Verbote, Pflichten, die man einhalten, tun, erfüllen sollte, nach denen man sich richten muss.

Grundlage einer Norm sind meistens verschiedene Werte, die so überzeugend sein müssen, dass man die Norm auch wirklich einhält.

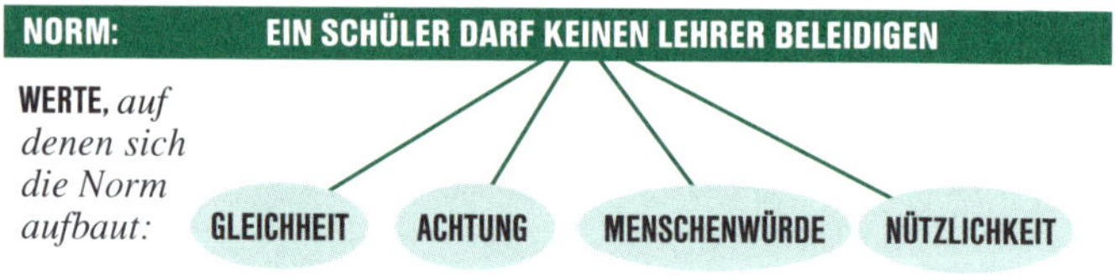

2.2 Werte und Normen: Internalisierung

Die Beispiele im Abschnitt 2.1 zeigen deutlich, dass Wertungen und Normierungen im menschlichen Verhalten durch die Gesellschaft bedingt sind und dass wir diese Einstellungen im Laufe unserer Erziehung mitbekommen. Man nennt diesen Vorgang „Internalisierung", weil Werte und Normen, ohne dass wir es recht merken, zu unserem inneren Besitz werden („intern" = nur die inneren Verhältnisse angehend).

Wir meinen, die Einstellungen stammten von uns selbst, in Wirklichkeit haben wir sie aber von unserer Umwelt übernommen. Das geschieht schon, wenn wir als Kinder die Sprache lernen, die in ihren Begriffen auch Wertvorstellungen und Umgangsformen weitergibt.

Das Kind merkt z. B., dass Mutti böse wird, wenn es die Suppe verschüttet: „Du sollst keine Suppe verschütten!" Am nächsten Tag kommt Tante Frieda zu Besuch und findet es auch nicht gut, dass die Suppe wieder auf dem Teppichboden landet: „Das ist ja grauenvoll, was du mit der Suppe machst!" Viele weitere Erwachsene stoßen in dasselbe Horn: Vati, die große Schwester,

Onkel Fritz, eine Nachbarin – eigentlich alle. Dann wird die Norm: „Ich darf keine Suppe verschütten“ zu der verallgemeinerten Norm: „Man verschüttet keine Suppe.“ „Man“ meint die ganze Gesellschaft, deren Teil man ist und an deren Gepflogenheiten man sich zu halten hat.

2.3 Werte und Normen: Geschichtlichkeit

Werte und Normen sind nicht von ewiger Dauer, sondern verändern sich im Laufe der Zeit. Dazu muss man aber längere Zeiträume als nur die Spanne eines Menschenlebens überblicken. Wie lange solche Entwicklungen dauern, sieht man zum Beispiel an den Menschenrechten, die in Ansätzen schon vor 2000 Jahren eingefordert wurden, bis zu ihrer Verabschiedung im Jahre 1948 durch die Vereinten Nationen viele Entwicklungsstadien durchliefen: Magna Charta 1215, Bill of Rights 1689, Amerikanische Unabhängigkeitserklärung 1776, Deklaration der Menschen- und Bürgerrechte in der Französischen Revolution 1789, Kommunistisches Manifest 1848. Daran sieht man, dass ein Wert wie „Freiheit“ viele Jahre braucht, um sich endlich nach vielen z. T. blutigen Auseinandersetzungen durchzusetzen. Dann kann man drei wichtige Veränderungen feststellen:

Alte Werte können aussterben.

In früheren Zeiten war „hövescheit“ ein besonderer Wert. Er meinte „ein fein gebildetes und gesittetes Wesen und Handeln“, so wie es am „Hofe“ („hövesch, hövisch, höfsch; hüvesch, hübesch, hübsch“) üblich war. Da wir heute keine fürstlichen Höfe mehr haben, die durch besondere Verhaltensweisen prägend für eine Zeit sind, ist mit dem „Hof“ zugleich die „hövescheit“

verloren gegangen. „Hübsch“ ist seiner veräußerlichten Beschreibung einer wohlgestalteten weiblichen Person hat nichts mehr mit „hövesch“ zu tun, dem inneren Wesen eines charakterlich edlen Menschen.

Werte können ihre Bedeutung verändern.

„Demut“ ist seiner sprachlichen Herkunft nach zusammengesetzt aus „dio“ = Knecht und „muot“ = Gesinnung. Es ist ein Wort der Missionssprache und bezeichnet die Gesinnung eines Menschen, der sich von Gott abhängig weiß, der deshalb bescheiden und zurückhaltend in seinen Forderungen gegen Gott ist, auf seine Barmherzigkeit gegenüber dem Sünder vertraut. „Demut“ hatte einen hohen Wert. In unserer Zeit ist „Demut“ in Verruf gekommen. Man merkt das daran, dass wir fast nur noch das Verb „demütigen“ kennen. „Demütigen“ heißt so viel wie: jemanden absichtlich in seinem Ehrgefühl und Stolz verletzen, indem man ihn deutlich seine Abhängigkeit spüren lässt und die eigene Überlegenheit betont, ihm Dinge zumutet, die ihn kränken und herabsetzen; jemanden, der sich nicht dagegen wehren kann, in unwürdiger Weise behandeln. „Demut“ ist zu einem Unwert geworden.

Werte können neu entstehen.

Ausdrücke wie „Umweltschutz“, „Lebensqualität“ und „Selbstverwirklichung“ waren bis in die Mitte unseres Jahrhunderts unbekannt. Jetzt haben sie eine so hohe Bedeutung erlangt, dass man sie vielleicht ins Grundgesetz aufnimmt, dass man sie durch besondere Gesetze sichert und dass man sie ständig für sich einfordert. Man kann diese Entwicklung natürlich auch kritisch sehen, insbesondere was die „Selbstverwirklichung“ betrifft. Im Streben nach schrankenloser Selbstbestimmung z.B. drückt sich eine Gesinnung aus, die keine Rücksicht mehr auf andere nimmt, die Ordnungen, Regeln und Institutionen ablehnt. Es hat in Deutschland noch nie eine Zeit gegeben, in der Menschen so umfassend Freiheit für sich forderten. Vielleicht ist das nicht verwunderlich, wenn man bedenkt, dass wir Jahrhunderte lang in einem Staat gelebt haben, der den Menschen alles vorgeschrieben hat.

Zeitabhängigkeit

In diesem dreifachen Sinne (aussterben, sich verändern, neu entstehen) können sich Werte und Normen wandeln. Das hängt immer mit dem Geist einer Zeit zusammen, der durch viele Umstände geprägt wird. Wenn die Religion, bestimmte Weltanschauungen und Ideologien das gesamte Leben bestimmen, gelten andere Werte und Normen, als wenn ökonomische, technische und politische Überlegungen in den Vordergrund treten. Diesen eben genannten Unterschied führen viele auf die Französische Revolution zurück, auf die Forderung der Aufklärung: „Habe Mut, dich deines eigenen Verstandes zu bedienen!" (Immanuel Kant)

Situationsabhängigkeit

Werte und Normen sind nicht nur abhängig vom Geist der Zeit, sondern in einer bestimmten Zeit auch von der Situation. Schüler, die in einer Klasse zusammen dem Leistungsdruck standhalten müssen, sind als Gruppe eher bereit, den Wert der „Solidarität" zu betonen und sich für einen anderen einzusetzen, als jeder Einzelne von ihnen, wenn er nach Hause kommt und seine Geschwister möglicherweise als Konkurrenten im Ringen um die Zuneigung einer anderen Person erlebt. Dann wird der Geist der Gemeinsamkeit sehr schnell zugunsten der „Selbstbehauptung" aufgegeben.

Kulturabhängigkeit

Kinder in Amerika werden anders erzogen als Kinder in Grossbritannien. In Amerika haben sie das große Sagen, reden von ihren Erfolgen bei „dates“, in der Schule und in verschiedenen Sportvereinen. Die Eltern bewundern ihre Kinder und erfüllen ihnen alle Wünsche.

Kinder in Großbritannien stehen unter ihren Eltern. Der Vater hat das große Sagen, gilt als Vorbild, dem die Kinder nacheifern. Während die einen zur Übertreibung neigen, leben die anderen in der typischen Form des britischen „understatements“. Wenn Kinder beider Nationen aufeinander treffen, kann es zu Verständnisschwierigkeiten kommen. Den einen geht die amerikanische Angeberei auf den Geist, die anderen stoßen sich an der britischen Arroganz.

2.4 Werte und Normen: Relativismusproblem

Wer viel in der Welt herumkommt, weis natürlich, dass es verschiedene Werte und Normen gibt, die sich einander widersprechen:

Patriarchat = *Herrschaft des Vaters*	**Matriarchat** = *Herrschaft der Mutter*
Monogamie = *Zusammenleben mit nur einem Geschlechtspartner; Einehe*	**Polygamie** = *Zusammenleben mit mehreren Geschlechtspartnern; Mehrehe, Vielehe*
Geschlechtliche Beziehungen vor der Ehe erlaubt	*Geschlechtliche Beziehungen vor der Ehe verboten*
Tötung der alt gewordenen Eltern	*Pflege der alt gewordenen Eltern*
Der Fremde als rechtloser Eindringling	*Der Fremde als gleichberechtigter Gast*
Höchstgeschwindigkeiten auf Autobahnen	*„Richtgeschwindigkeiten" auf Autobahnen*

Kann man angesichts dieser Unterschiede noch daran festhalten, dass Werte und Normen etwas Allgemeingültiges sind?

Die Kulturrelativisten haben darauf eine einfache Antwort. Es gibt nichts Verbindliches, alles ist relativ, wenn man das große Ganze sieht. Allerdings halten die Kulturrelativisten an ihrer Meinung fest, dass der Angehörige einer bestimmten Kultur sich schon an die Regeln der jeweiligen Kultur halten muss, weil sonst ein geordnetes Zusammenleben der Menschen nicht möglich wäre. Daraus ergibt sich eine merkwürdige Schlussfolgerung: Was in der einen Kultur richtig und daher sittlich verbindlich ist, kann in einer anderen Kultur falsch und daher sittlich verwerflich sein.

Geht das?
Die Kulturrelativisten sehen da keinen Widerspruch. Sie weisen auf die guten Folgen ihrer Auffassung hin: Keiner könne mehr behaupten, seine Art zu leben sei die bessere. Jeder werde zur Toleranz gegenüber anderen Auffassungen angehalten und verpflichtet.
Das klingt gut, hat aber dennoch einen Haken. Die Unterschiedlichkeit von Werten und Normen in der Welt ist unbestritten, man kann daraus aber nicht ableiten, man müsse sich an eine bestimmte Norm halten, wenn sie doch alle gleichberechtigt nebeneinander stehen. Logisch wäre es, wenn man daraus ableiten würde, niemand wäre an die Regeln der eigenen Gesellschaft gebunden.
Die Lösung kann nur darin liegen, dass man sich auf die Suche nach der besten Norm macht, dass man das wirklich Gute findet, dass man Werte und Normen findet, denen alle Menschen zu allen Zeiten an allen Orten verpflichtet sind. Oder sollte der Kannibalismus, wenn es ihn denn wirklich gegeben hat, eine zu tolerierende Haltung sein? Niemals!

2.5 Werte und Normen: Funktionen

Es gibt in der soziologischen Literatur zwei Möglichkeiten, Sinn und Zweck von Werten und Normen darzustellen, nämlich den strukturell-funktionalen (strukturell = den Aufbau betreffend, funktional = das Ziel betreffend) und den konflikttheoretischen (Konflikt = Streit, Auseinandersetzung; theoretisch = gedanklich, begrifflich) Ansatz. Beide Deutungsmöglichkeiten sind sich darin einig, dass

- Werte und Normen zur Verhaltenssteuerung des Menschen notwendig sind, weil der Mensch im Laufe der Evolution einen großen Teil seiner verhaltenssteuernden Triebe verloren hat.

- Werte und Normen es dem Menschen ermöglichen, seine Kräfte wichtigeren Aufgaben zuzuwenden, als ständig darüber nachdenken zu müssen, was „gut" und „böse" ist. Ein gedankenloser Automatismus im Verhalten ist ein sparsamer Umgang mit geistigen Ressourcen. Natürlich sollte man sich darauf nur bei alltäglichen Abläufen verlassen. Bei wichtigen Entscheidungen sollte man schon nachdenken.

2.5.1 Werte und Normen: strukturell-funktionaler Ansatz

Der strukturell-funktionale Ansatz geht davon aus, dass die meisten Menschen in ihren Grundanschauungen übereinstimmen und dass deshalb Werte und Normen die Aufgabe haben, das Gefüge der Gesellschaft zusammenzuhalten. Sollte es jedoch einem einfallen, die gezogenen Grenzen des gebilligten Verhaltens zu überschreiten, muss er mit Strafen rechnen. Die Angst vor Strafe hält die meisten Menschen vor einer Regelverletzung ab und sichert so die Stabilität des Systems. Ein weiterer Vorteil ist, dass man auf diese Weise das Verhalten der Menschen einigermaßen vorhersehen kann. Man kann sich selbst darauf einstellen.

2.5.2 Werte und Normen: konflikttheoretischer Ansatz

Die Anhänger des konflikttheoretischen Ansatzes weisen darauf hin, dass es in unserer Gesellschaft keineswegs so harmonisch zugeht, sondern dass Gruppen mit ihren eigenen Interessen gegeneinander stehen und manchmal in einen heftigen Streit geraten. Gegenüber einem mehr statischen Ansatz, der besagt, dass sich das Grundgefüge der Gesellschaft kaum ändert, wird hier betont, dass die Gesellschaft ständig im Umbruch ist und dass wir ständig nach Konfliktlösungen Ausschau halten müssen. Jeder Einzelne ist also nicht Mitglied des Ganzen, sondern Mitglied eines Teils, einer Gruppe, in der er Halt findet und in der er sein Ich-Bewusstsein ausbilden kann. Zu solchen Weltanschauungs- und Interessengruppen zählen: Vereine, Gewerkschaften, Arbeitgeberverbände, soziale Hilfswerke, kirchliche Organisationen, Parteien, Bürgerinitiativen u. a.

Ein schematisches Modell dieser beiden Ansätze finden Sie auf Seite 29

Die beiden Ansätze bilden Gesellschaft auf unterschiedliche Weise ab, je nachdem, ob sie mehr ein Harmonie-Modell oder ein Konflikt-Modell vor Augen haben:

Strukturell-funktionaler Ansatz

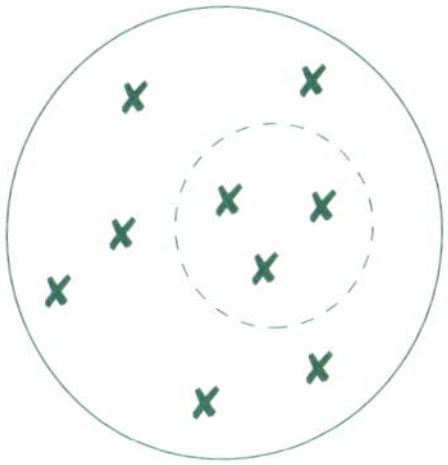

NORMEN
als einigendes Band um die Gesellschaft

GESELLSCHAFT
als Spiegelbild des Ameisenstaates

Konflikttheoretischer Ansatz

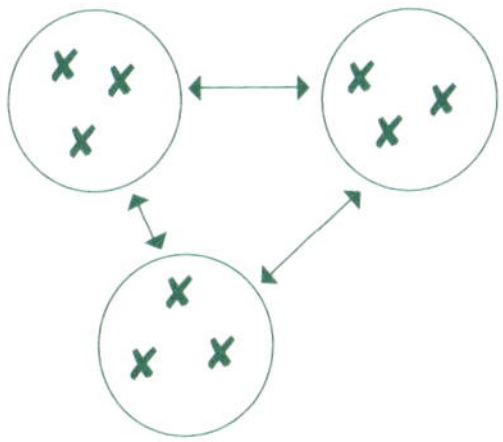

Normen
als einigendes Band innerhalb einer Gruppe

Gesellschaft
als Spiegelbild rivalisierender Tiergruppen

3 Ethische Theorien

3.1 Ethische Theorien: Egoismusethik

Was soll nicht alles Meine Sache sein! Vor allem die gute Sache, dann die Sache Gottes, die Sache der Menschheit, der Wahrheit, der Freiheit, der Humanität, der Gerechtigkeit; ferner die Sache Meines Volkes, Meines Fürsten, Meines Vaterlandes; endlich die Sache des Geistes und tausend andere Sachen. Nur Meine Sache soll niemals Meine Sache sein.
Ich brauche gar nicht an jedem, der seine Sache Uns zuschieben möchte, zu zeigen, dass es ihm nur um sich, nicht um Uns, nur um sein Wohl, nicht um das Unsere zu tun ist.
Fort denn mit jener Sache, die nicht ganz und gar Meine Sache ist! Ihr meint, Meine Sache müsse wenigstens die „gute Sache" sein? Was gut, was böse! Ich bin ja selber Meine Sache, und Ich bin weder gut noch böse. Beides hat für mich keinen Sinn.
Mir geht nichts über Mich! Max Stirner

Der Begriff „Egoismus" (von lat. „ego" = ich) ist uns allen bekannt. Als Egoisten bezeichnen wir einen Menschen, der nur an sich selbst denkt, der nur seinen eigenen Vorteil sucht, ohne an andere zu denken. Wir kennen solche Menschen und verfallen manchmal selbst in eine solche Haltung.
Bei Max Stirner geht es noch um ein anderes Problem. Er empfiehlt nicht nur den praktischen Egoismus, sondern möchte den Egoismus philosophisch rechtfertigen als eine Haltung, die man unbedingt einnehmen sollte.
Man merkt den Ausführungen an, wie sie zustande gekommen sind. Da spricht einer, der sich von Egoisten umgeben sieht,

der sich ausgenutzt fühlt von Herrschern, die zum eigenen Vorteil Menschen in den Krieg schickten und sterben ließen, von der Kirche, die mit Gott für Volk und Vaterland ebenfalls blutige Auseinandersetzungen führte, von allen, die Werte wie Wahrheit, Freiheit und Gerechtigkeit nur als Phrasen zur Ausbeutung verwendeten. Verstehen kann man es schon, dass nun jemand seine eigenen Rechte einfordert.
Nur, man kann daraus keine ethische Theorie machen. Denn diese Theorie scheitert an der fehlenden Grundvoraussetzung jeder Ethik, dass das Gebot verallgemeinerungsfähig sein muss. Den Egoismus kann man aber nicht verallgemeinern, weil man sich damit selbst schaden würde.

3.2 Ethische Theorien: Ethik der Goldenen Regel

Die Goldene Regel ist eine Grundregel zur Beurteilung des richtigen Verhaltens. Sie ist im indischen Hinduismus, im chinesischen Konfuzianismus, im Alten Testament und in der griechischen Ethik nachweisbar. Sie tritt in zwei Formen auf.

POSITIVE FORMULIERUNG	NEGATIVE FORMULIERUNG
Alles nun, was ihr wollt, dass euch die Leute tun sollen, das tut ihnen auch. (MATTHÄUS 7,12)	*Was du nicht willst, dass man dir tu', das füg' auch keinem andern zu!* (TOBIAS 4,16)

Die Goldene Regel sagt nicht, was man in einer Situation genau tun soll, sondern ist ein formales Hilfsmittel, die Handlung auf ihre Richtigkeit hin zu überprüfen. Dazu muss man in der Lage sein, sich in die Person des anderen hineinzuversetzen.

In der Gerechtigkeitstheorie spielt die Goldene Regel eine wichtige Rolle. Während die Menschen in archaischen Zeiten dazu neigten, Schlimmes mit noch Schlimmerem zu vergelten (Rache-Prinzip), war es bereits ein Fortschritt, das Schlimme nur mit etwas gleich Schlimmem zu beantworten (Talions-Prinzip, von lat. talio = Wiedervergeltung. Dieses Prinzip ist am eindrucksvollsten im Alten Testament formuliert: Auge um Auge, Zahn um Zahn). Die Goldene Regel schließlich verlangt vom Menschen eine Denkweise, die von großem Wohlwollen und Einfühlungsvermögen geprägt ist.

3.3 Ethische Theorien: Tugendethik

Das Wort „Tugend" steht in Verbindung mit dem Verb „taugen" und meint die „Tauglichkeit" für ein Verhalten, bei dem Werte im Vordergrund stehen.
Der griechische Philosoph Aristoteles unterscheidet zwischen Tugenden des Verstandes (Geist, Wissenschaft, Weisheit, Kunst als Fertigkeit des Könnens wie z. B. die Baukunst, Klugheit) und Tugenden des Willens (Tapferkeit, Besonnenheit, Gelassenheit, Zurückhaltung, Großzügigkeit, Abgeklärtheit, Selbstbewusstsein, Ehre, Freundschaft, Würde, gerechte Empörung, Aufrichtigkeit, gesellschaftliche Gewandtheit, Gerechtigkeit). Dass wir von diesen Tugenden wissen, ist schon viel, aber noch nicht alles.

> Wir sind dadurch, dass wir darüber Bescheid wissen, noch keineswegs imstande, auch dementsprechend zu handeln. Bei den Tugenden hat das Wissen überhaupt keinen oder doch nur einen geringen Einfluss, das andere dagegen keinen geringen, sondern es entscheidet vielmehr alles und bewirkt es; und zwar entsteht es aus dem häufigen Tun des Gerechten und Besonnenen. Also müssen wir gleich von Jugend an dazu erzogen werden, dass wir Freude und Schmerz empfinden, wo wir sollen. Denn darin besteht die rechte Erziehung. Aristoteles

Bei der Erziehung müssen Form und Inhalt der betreffenden Tugend deutlich werden.

Formal ist es für die Tugend kennzeichnend, dass sie immer eine Mitte zwischen zwei Extremen ansteuert.

Mangel	Tugend	Übermaß
Feigheit	Tapferkeit	Tollkühnheit
Stumpfheit	Besonnenheit	Zügellosigkeit
Geiz	Großzügigkeit	Verschwendungssucht
Gleichgültigkeit	Ehre	Geltungssucht
Unrecht leiden	regelnde Gerechtigkeit	Unrecht tun
Schaden	ausgleichende Gerechtigkeit	Gewinn

Inhaltlich sind die Tugenden auf das höchste Gut, das Glück, ausgerichtet. Was man unter „Glück" versteht, kann verschieden sein: Gott, Paradies, Seelenruhe, reine Betrachtung u. a. Schließlich ist noch zu bedenken, dass es neben den allgemeinen Merkmalen einer Tugend auch noch besondere Merkmale gibt. Die ergeben sich, wenn man die Tugend auf eine bestimmte Person und

auf eine bestimmte Situation bezieht. Tapferkeit kann für eine Person A in einer bestimmten Situation anders aussehen als für die Person B in einer anderen Situation.

Die Zahl der Tugenden liegt nicht fest. Das Christentum hat den vier Tugenden der Weisheit, Tapferkeit, Besonnenheit und Gerechtigkeit die religiösen Tugenden Glaube, Hoffnung und Liebe hinzugefügt. Im Bürgertum des 19. Jahrhunderts kamen die sogenannten bürgerlichen Tugenden hinzu wie Ordnung, Fleiß, Sauberkeit, Pünktlichkeit usw.
Ob die bürgerlichen Tugenden überhaupt noch Tugenden genannt werden können oder bloße Verhaltensweisen sind, ist umstritten. Man müsste für jede einzelne Tugend zeigen können, dass sie auf ein höchstes Gut ausgerichtet ist und dass sie die Mitte zwischen zwei Extremen einhält.

3.4 Ethische Theorien: Gesetzesethik

Während die „Tugendethik" in der griechischen Antike zu Hause ist, geht die „Gesetzesethik" eher auf jüdische und christliche Einflüsse zurück.
„Gesetzesethik" ist ein missverständlicher Begriff. Wer sich in seinem Handeln nur nach einem „Gesetz" richtet, erstarrt in einer gesetzlichen Moral, verliert seine Freiheit, ist sklavisch gebunden an Vorschriften, die von einer Religion oder einer Gesellschaftsordnung erlassen werden.

„Gesetze" oder „Gebote" müssen aber nicht zu einem starren Verhalten führen, vor allem dann nicht, wenn man in ihnen lebensnahe Weisungen sieht, die ähnlich wie Fahrrinnenmarkierungen für Schiffe dafür sorgen, dass richtig Kurs halten kann und nicht auf einer Sandbank aufsetzt oder auf felsigem Grund das Lebensschiff beschädigt.

Die 10 Gebote (= „Dekalog" von „deka logoi" = zehn Worte) gelten bis heute als Grundlage jeder Ethik und insbesondere der Gesetzesethik.

1. Ich bin der Herr, dein Gott, du sollst nicht andere Götter haben neben mir.
2. Du sollst den Namen des Herrn, deines Gottes, nicht unnützlich führen; denn der Herr wird den nicht ungestraft lassen, der seinen Namen missbraucht.
3. Du sollst den Feiertag heiligen.
4. Du sollst deinen Vater und deine Mutter ehren, auf dass dir's wohl gehe und du lange lebest auf Erden.
5. Du sollst nicht töten.
6. Du sollst nicht ehebrechen.
7. Du sollst nicht stehlen.
8. Du sollst nicht falsch Zeugnis reden wider deinen Nächsten.
9. Du sollst nicht begehren deines Nächsten Haus.
10. Du sollst nicht begehren deines Nächsten Weib, Knecht, Magd, Vieh oder alles, was sein ist.

(Fassung von M. Luther)

Die zehn Gebote sind aufgeteilt in zwei „Tafeln". Die erste „Tafel" enthält religiöse Gebote (1.–3. Gebot). Mit dem 4. Gebot setzt die zweite „Tafel" ein. An ihm kann man auch gut erkennen,

dass die einzelnen Gebote später in der Auslegungsgeschichte missverstanden wurden. Das 4. Gebot war ursprünglich gar nicht an die Kinder gerichtet, sondern an die Erwachsenen, die darin aufgefordert werden, für den Lebensunterhalt der älteren Generation (also die Großeltern) aufzukommen.

Im Neuen Testament werden die beiden alttestamentlichen Gebote der Gottesliebe und der Nächstenliebe im „Doppelgebot" der Liebe zusammengefasst.

„Du sollst lieben Gott, deinen Herrn, von ganzem Herzen, von ganzer Seele und von ganzen Gemüte." Dies ist das vornehmste und größte Gebot. Das andre aber ist ihm gleich: „Du sollst deinen Nächsten lieben wie dich selbst." In diesen zwei Geboten hängt das ganze Gesetz und die Propheten.

Matthäus 22, 37–40

In diesem Wort Jesu ist das Wort „Gesetz" nicht mehr als äußere Vorschrift für einzelne Handlungen zu verstehen, sondern als eine innere Einstellung, als innere Hinwendung zum Mitmenschen. Der grundlegende Gedanke, der hinter dieser Umkehr von einer erzwungenen Handlung zu einer freiwillig erbrachten Tat steht, ist die Einsicht in die Gleichheit aller Menschen gegen einen immer wieder anzutreffenden Rassismus und Nationalismus. Auch dem „Feind" soll geholfen werden, auch der „Fremdling" ist ein Bürger, der geschützt werden muss. Letztlich gründet diese Auffassung in der „Gottebenbildlichkeit" aller Menschen, nicht nur des altorientalischen Königs.
Im 19. Jahrhundert hat insbesondere der scharfe Kritiker des Christentums, der Philosoph Friedrich Nietzsche, erkannt, wie

sehr das Christentum diese Idee der Gleichheit in die Welt getragen hat. Nietzsche hat der Gleichheit allerdings nicht zugestimmt.

> Ein anderer christlicher, nicht weniger verrückter Begriff hat sich noch weit tiefer ins Fleisch der Modernität vererbt: der Begriff von der „Gleichheit der Seelen vor Gott“. In ihm ist das Prototyp aller Theorien der gleichen Rechte gegeben.
>
> Friedrich Nietzsche

3.5 Ethische Theorien: Naturrechtsethik

Eine besondere Ausformung der „Gesetzesethik“ stellt die „Naturrechtsethik“ dar, denn auch in ihr ist ein Gesetz die Grundlage, nämlich das „natürliche Gesetz“. Es soll dieser Ethik eine unveränderliche, bleibend gültige Grundlage liefern.

> Es gibt also Rechtsgrundsätze, die stärker sind als jede rechtliche Satzung, sodass ein Gesetz, das ihnen widerspricht, der Geltung bar ist. Man nennt diese Grundsätze das Naturrecht oder das Vernunftrecht. Gewiss sind sie im Einzelnen von manchem Zweifel umgeben, aber die Arbeit der Jahrhunderte hat doch einen festen Bestand herausgearbeitet und in den sogenannten Erklärungen der Menschen- und Bürgerrechte mit so weit reichender Übereinstimmung gesammelt, dass in Hinsicht auf manche von ihnen nur noch gewollte Skepsis den Zweifel aufrecht erhalten kann.
>
> Gustav Radbruch

Besonders nach dem Zweiten Weltkrieg und den Erfahrungen mit dem Unrechtsregime des Nationalsozialismus hat das Naturrecht ein großes Interesse gefunden. Als naturrechtlich begründet gelten heute vor allem die Menschenrechte, die von den meisten Staaten dieser Welt als Grundlage der Rechtsordnung anerkannt, wenn auch nicht immer verwirklicht sind.

Die Naturrechtsethik wurde zuerst in der griechisch-römischen Philosophie, später auch in der christlichen Theologie ausgebildet. Im Mittelpunkt steht die Vernunft, die göttliche Vernunft, an welcher der Mensch Anteil hat. Diese Vernunft bildet sich in der Natur ab, sodass es für den Menschen vernünftig ist, nach der Natur zu leben. Zu den natürlichen Neigungen gehören die Selbsterhaltung, die Fortpflanzung, die Gemeinschaftsfähigkeit und die Wahrheitssuche des Menschen. Diese Neigungen müssen mit der sittlichen Vernunft geregelt werden: „Das Gute ist zu tun, das Böse ist zu meiden.“

Das Naturrecht der katholischen Kirche wird immer dann problematisch, wenn die biologische Natur des Menschen zur Grundlage des Naturrechts erklärt wird.

Ein Beispiel: Die menschliche Sexualität ist von Natur aus darauf angelegt, neues Leben zu zeugen. Wenn von außen her in diesen Vorgang nicht eingegriffen wird – man kann es im Tierreich sehr deutlich sehen –, entsteht neues Leben. Daraus wird nun die Regelung für den Menschen abgeleitet: Die Sexualität darf nur ihrem Naturziel entsprechend zur Zeugung von menschlichem Leben eingesetzt werden.

Auf dieser Grundlage hat Papst Paul VI. in der Enzyklika (= päpstliches Rundschreiben) „Humanae vitae (= das menschliche Leben betreffend) 1968 die künstliche Empfängnisverhütung untersagt. Wohl gemerkt, die „künstliche“, nicht die „natürliche“ Empfängnisverhütung, die etwa die unfruchtbaren Tage der Frau berücksichtigt.

Wenn man allerdings der Auffassung ist, dass menschliche Sexualität, anders als im Tierreich, auch Ausdruck menschlicher Zuneigung und Liebe ist, dann bricht die päpstliche Argumentation in sich zusammen. Es kommt im Naturrecht also immer darauf an, welche Auffassung von der „Natur" des Menschen gerade vorherrscht.
So schwierig es auch sein mag, eine Ethik auf dem Naturrecht aufzubauen, zwei wesentliche Einsichten des Naturrechts werden bleiben:

- Das menschliche Recht, die Gesetze und Verordnungen des Staates, beruhen auf einer Grundlage, die nicht in Frage gestellt werden darf. Die natürlichen Rechte des Menschen darf man nicht außer Kraft setzen.
- Die Ethik muss „vernünftig" argumentieren, muss ihre Regeln einsichtig machen, darf sich nicht dumpfe Vorurteile stützen.

Das Naturrecht hat Bedeutendes geleistet auf dem Gebiet von Krieg und Frieden. Die naturrechtliche Lehre vom „gerechten Krieg" hat es vermocht, die Grausamkeiten des Krieges gelegentlich einzudämmen, Kriegshandlungen hin und wieder einzugrenzen und den atomaren Krieg als nicht mehr legitimierbar darzustellen.

Abkommen	Zeitpunkt	Ziel
Internationales Komitee vom Roten Kreuz (IKRK)	1863	Erste Genfer Konvention: Verhaltensregeln zur Behandlung Verwundeter und zum Schutz von Lazaretten bzw. Sanitätern auf Schlachtfeldern.
Haager Landkriegsordnung (HLKO)	1899/1907	Verbot bestimmter Kriegsmittel (Gas, Gift). Regelungen für den gesetzlichen Status von Kriegsgefangenen, Spionen und Parlamentären. Verbot eines Angriffs auf befriedete Objekte: Lazarette, Kulturdenkmäler. Regelungen für einen Waffenstillstand. Garantien für die Bevölkerung besetzter Gebiete
Genfer Vereinbarungen	12. 8. 1949	Schutz von Verwundeten, Kriegsgefangenen und Zivilbevölkerung. Untersagung von Mitteln, die grausame und unnütze Leiden hervorrufen, z. B. Flächen- und Terrorbombardierung von Wohngebieten

Leider hat die bisherige Kriegsgeschichte gezeigt, dass dem Versuch, kriegerische Handlungen in ihrer Grausamkeit einzudämmen, kein großer Erfolg beschieden war. Die Rücksichtnahme auf Menschen steht offensichtlich im Gegensatz zum Zweck der Kriegshandlungen.

3.6 Ethische Theorien: Pflichtethik

Der kategorische Imperativ ist also ein einziger, und zwar dieser: Handle nur nach derjenigen Maxime, durch die du zugleich wollen kannst, dass sie ein allgemeines Gesetz werde.
Handle so, als ob die Maxime deiner Handlung durch deinen Willen zum allgemeinen Naturgesetz werden sollte.
Handle so, dass du die Menschheit, sowohl in deiner Person als in der Person eines jeden anderen, jederzeit zugleich als Zweck, niemals bloß als Mittel brauchst. Immanuel Kant

Kant bemisst den moralischen Wert einer Handlung ausschließlich danach, ob sie von einer bestimmten inneren Beschaffenheit ist. Er hat das im kategorischen (= unbedingt zu befolgenden) Imperativ (= Grundsatz) deutlich gemacht, der zwar keine inhaltlichen Vorschriften für eine bestimmte Handlung macht, sondern allein deren Form angibt.
Menschen handeln nach persönlichen Antrieben, nach Neigungen, worauf sie Lust haben. Kant nennt das „Maxime". Nun soll sich der Mensch bei einer Handlung, die er aus solchen persönlichen Gründen vollzieht, überlegen, ob diese Gründe verallgemeinerungsfähig sind, zu einem allgemein gültigen Grundsatz gemacht werden können. Wer unter dieser Voraussetzung handelt, erwirbt sich moralische Verdienste.
Wenn jemand wohltätig ist, z. B. einem Straßenbettler ein Almosen gibt, handelt er pflichtmäßig: Man soll einem anderen in der Not helfen. Das ist ehrenwert, verdient Lob und Anerkennung.
Aus welchen Gründen hat er so gehandelt? Es könnte sein, dass er damit sein eigenes schlechtes Gewissen beruhigen, dass er ich im Lichte seiner Wohltätigkeit sonnen, dass er sich am Dank des Beschenkten erfreuen möchte. Dann hat er aus einer Neigung

heraus gehandelt, nicht aus Pflicht. Seine Handlung hat nach Kant keinen echten moralischen Wert.
Wenn er jedoch selbst große finanzielle Sorgen hätte, wenn er so erzogen worden wäre, dass ihn fremde Not nicht zu kümmern hätte („Jeder ist sich selbst der Nächste!"), wenn der Bettler so unverschämt wäre, dass er gar kein Mitleid verdient, und unser Mann gäbe trotzdem etwas, gegen seine eigene Neigung, die ihn davon abhalten möchte, dann ist der moralische Wert seines Charakters nicht mehr zu übereffen. Er hat aus Pflicht gehandelt, nicht aus Neigung. Seine Handlung hat einen moralischen Wert.

Die zweite Form des kategorischen Imperativs setzt diesen mit einem Naturgesetz gleich. Kant möchte also, dass wir durch unser pflichtmäßiges Handeln mit dazu beitragen, dass der kategorische Imperativ wie ein Naturgesetz gilt, unumstößlich. Ein Naturgesetz kann man nicht aufheben. Wir müssen uns danach richten. Wir entkommen ihm nicht.

Die dritte Form des kategorischen Imperativs betont den Selbstwert jedes Menschen. Manche benutzen Menschen häufig als Mittel, wie eine Sache, zu unserem eigenen Vorteil. Das macht ein Bankräuber, der Geiseln nimmt. Das macht ein Mann, der eine Frau vergewaltigt. Das machen staatliche Behörden, die einen Menschen foltern. In abgeschwächter Form behandeln auch wir Menschen als Sachen, wenn wir z. B. einem anderen schmeicheln, um irgendeinen Vorteil herauszuschlagen. Kant ist nun der Meinung, dass sich diese Art des Umgangs mit Menschen gar nicht vermeiden lässt. Sie sollte nur nicht ausschließlich geschehen, weil sie sonst den Selbstzweck (= die Würde) des Menschen verletzt.

3.7 Ethische Theorien: Nutzenethik

Die Nutzenethik lässt sich historisch gesehen in zwei Phasen einteilen.
Schon der griechische Philosoph Epikur hatte betont, das höchste, nicht weiter ableitbare Gut sei die Lust.

> Man ehre die Tugend, wenn sie zum Glück beiträgt; wenn nicht, gebe man ihr den Abschied.
> Wenn die Vergnügungen des Wüstlings ihn über Schmerz und Freude hinausheben könnten, dann (aber nur dann) wären sie nicht zu tadeln.
> Ich weiß nicht, was ich noch das Gute nennen soll, wenn ich die Lust des Geschmacks, die Lust der Liebe, die Lust des Ohres sowie den Reiz beim Anblick einer schönen Gestalt beseitige
> Epikur

Dabei war Epikur ein bescheidener Mensch. Grundlose Begierden (z. B. nach Geld und Ruhm) lehnte er ab. Von den natürlichen Begierden bejahte der die notwendigen (z. B. den Durst), verachtete aber die nicht notwendigen (z. B. Delikatessen). Neben dem sinnlichen Glück, allerdings in Diät-Form, bevorzugte Epikur das Leben im Verborgenen, mit Freunden in einem Garten, weit entfernt von den Stätten, an denen Weltgeschichte gemacht wurde. „Der Weise wird sich nicht an der Politik beteiligen und nicht Herrscher sein wollen", predigte Epikur allen Menschen, die frohgemut leben wollten. Der weise Epikur lebte glücklich – im Verborgenen.
Diese sehr individuelle Nutzenethik wird dann im 18. und 19. Jahrhundert in den angelsächsischen Ländern zu der führenden ethischen Theorie bis in die Gegenwart hinein. Als Urvater der Nutzenethik gilt Jeremy Bentham. Er hat das Prinzip der Nütz-

lichkeit zu einem moralischen Kriterium erhoben, an dem man die Richtigkeit oder Falschheit von Handlungen ablesen kann.

Unter dem Prinzip der Nützlichkeit ist jenes Prinzip zu verstehen, das jede Handlung, nicht nur einer Privatperson, sondern auch der Regierung, in dem Maße billigt oder missbilligt, wie ihr die Tendenz innezuwohnen scheint, das Glück der Gruppe, deren Interesse in Frage steht, zu vermehren oder zu vermindern, zu befördern oder zu vermindern.
Unter Nützlichkeit ist jene Eigenschaft an einem Objekt zu verstehen, durch die es dazu neigt, Gewinn, Vorteil, Freude, Gutes oder Glück hervorzubringen oder die Gruppe vor Unheil, Leid, Bösem oder Unglück zu bewahren. Sofern es sich bei dieser Gruppe um die Gemeinschaft im Allgemeinenim handelt, geht es um das Glück der Gemeinschaft; sofern es sich um ein bestimmtes Individuum handelt, geht es um das Glück des Individuum.

That action is the best which procures the greatest happiness for the greatest number. (= Die Handlung ist die beste, welche das höchste Maß an Glück für die größte Anzahl von Menschen erreicht.)

Jeremy Bentham

An dieses Ausführungen Benthams werden die vier Grundprinzipien der Nutzenethik deutlich:
Konsequenzprinzip (= Folgengrundsatz): Entscheidend für die Beurteilung einer Handlung ist nicht die Gesinnung, aus der heraus man sie tut, sondern das Ergebnis, das an den Folgen ablesbar ist.
Utilitätsprinzip (= Nützlichkeitsgrundsatz): Es geht bei der Beurteilung nicht um irgendwelche Folgen, sondern um solche, die man als nützlich bezeichnen kann.

Hedonismusprinzip (= Lustgrundsatz): Nützliche Folgen sind solche, die als Glück, Lust, Freude zu bezeichnen sind.
Sozialprinzip (= Gemeinschaftsgrundsatz): Nicht das Glück eines Einzelnen ist suchen, sondern das Glück aller, die von einer Handlung betroffen sind.
John Stuart Mill hat in der Nachfolge Benthams dessen Glücksbegriff, der ähnlich wie bei Epikur an der reinen Sinneswahrnehmung orientiert ist, erweitert. Mill betonte auch die Freuden des Geistes, der Gefühle und der Fantasie. Von ihm stammt der drastische Ausspruch: „Es ist besser, ein unzufriedener Mensch zu sein als ein zufrieden gestelltes Schwein; besser ein unzufriedener Sokrates als ein zufriedener Narr."

Natürlich darf man auch nicht die Schwäche und Fragwürdigkeit des utilitaristischen Ansatzes verschweigen. Folgende Einwände sind denkbar:

- Sittliche Pflichten (z. B. die Wahrheit zu sagen) sind auch dann gültig, wenn man den gesellschaftlichen Nutzen nicht direkt ablesen kann.

- Der Zweck heiligt nicht die Mittel (z. B. die Folter).

- Persönliche Grundrechte (z. B. das Lebensrecht eines geistig Behinderten) dürfen auch dann nicht verletzt werden, wenn es für die Gesellschaft nützlich wäre.

Gerade der letzte Punkt hat in der Bundesrepublik zu einer heftigen Diskussion geführt. Der australische Utilitarist Peter Singer hatte die Meinung vertreten, man dürfe missgebildete Säuglinge nach der Geburt töten. Die Begründung lautete so:

> Sofern der Tod eines geschädigten Säuglings zur Geburt eines anderen Kindes mit besseren Aussichten auf ein glückliches Leben führt, dann ist die Gesamtsumme des Glücks größer, wenn der behinderte Säugling getötet wird. Der Verlust eines glücklichen Lebens für den ersten Säugling wird durch den Gewinn eines glücklichen Lebens für den zweiten aufgewogen.
> Peter Singer

Man sieht an Singers Ausführungen, wie schwierig es ist, „Glück" näher zu bestimmen und bei verschiedenen Menschen gegeneinander aufzurechnen. Auch Singers Aussage, menschliches Leben sei nicht grundsätzlich schützenswert, rief die Behindertengruppen in der Bundesrepublik auf den Plan und führte dazu, dass Singer eine Vortragsreise in der Bundesrepublik absagen musste.

3.8 Ethische Theorien: Verantwortungsethik

Man muss für das, was man tut, gerade stehen. Man trägt die Verantwortung, man muss sich verantworten. Dabei sind drei Dinge zu beachten:

- die Person, die handelt
- das, was die Person tut oder lässt
- das Gericht, die Mitmenschen, das eigene Gewissen oder Gott, vor denen man Rede und Antwort stehen muss

Ethik der Folgen

Die Forderung, die Handlungsfolgen mit zu bedenken, war schon vom Utilitarismus aufgestellt worden. In der Neuzeit, dem Zeitalter der Hochtechnologie (Kerntechnik, Gentechnik, Computertechnik), bereitet uns die Befolgung dieser Forderung große Schwierigkeiten:

1. Die Handlungsfolgen sind nicht mehr abschätzbar.
2. Negative Folgen können nicht mehr korrigiert werden.

> Fehlschläge mechanischer Konstruktion verschrotten wir. Sollen wir dasselbe mit den Fehlschlägen biologische Rekonstruktion tun? Unser ganzes Verhältnis zu menschlichem Unglück und den davon Geschlagenen würde sich im antihumanen Sinne verändern.
>
> Hans Jonas

Daraus kann man eigentlich nur den Schluss ziehen, dass man eine Handlung unterlassen muss, wenn man nicht um ihre Folgen weiß. Allerdings kommt man dann in großes Dilemma (= Zwangslage; Wahl zwischen zwei unangenehmen Möglichkeiten). Was soll man z. B. machen, wenn es für die Erzeugung von Elektrizität nur zwei Möglichkeiten gibt, die Kernenergie (Atomkraft) oder fossile (= urzeitliche) Energieträger (Kohle, Erdgas, Erdöl), beide Möglichkeiten aber ungeahnte Risiken in sich bergen, die alternative Energiegewinnung (Wasserkraft, Wind, Sonne, Erdwärme, Müll, Biomasse) aber noch nicht für die Versorgung mit Energie ausreicht?

Ethik der Person

Wir leben in einer Welt der Bürokratisierung und der Anonymisierung (anonym = ohne Namen). Das, was den Menschen betrifft, müsste wieder auf eine überschaubare Ebene zurückverlagert werden: Stadtteilparlamente, Ortsbeiräte, Straßeninitiativen.

> Wie dasjenige, was der Einzelmensch aus eigener Initiative und mit seinen eigenen Kräften leisten kann, ihm nicht entzogen und der Gesellschaftstätigkeit zugewiesen werden darf, so verstößt es gegen die Gerechtigkeit, das, was die kleineren und untergeordneten Gemeinwesen leisten und zum guten Ende führen können, für die weitere und übergeordnete Gemeinschaft in Anspruch zu nehmen.
>
> Päpstliches Rundschreiben „Quadragesimo anno“

Ethik der Werte

Werte sind für die heutige ethische Urteilsfindung unabdingbar.

> Im Wesen der Werte liegt es, dass sie das Reale nicht unmittelbar determinieren (= bestimmen, festlegen). Sie haben von sich aus keine reale Kraft, sich durchzusetzen. Erst wo sich ein Wesen findet, das sich für sie einsetzt, beginnen sie ins Reale zu dringen. Die eigenartige Stellung des Menschen zu den Werten besteht nun eben darin, dass er ein solches Wesen ist, dank den eigenartigen Qualitäten und Fähigkeiten (Aktivität, Vorsehung, Entschlussfähigkeit, Zwecktätigkeit), die ihn zur „Person“ erheben und an ihm die Wertfundamente seiner Akte (= Handlungen) ausmachen.
>
> Nicolai Hartmann

Eigenwert des nicht menschlichen Lebens

Seit 1990 darf man Tiere nicht mehr als „Sache“ ansehen, die man notfalls auch pfänden kann, sondern soll sie als „Mitgeschöpfe“ betrachten. Das hat weit reichende Auswirkungen auf den Tierschutz (Tiere als „Versuchskaninchen“, Tiertransporte, Schlachtmethoden).

Schutzwürdigkeit des menschlichen Lebens

Gegen bestimmte Tendenzen im Utilitarismus wird man immer wieder betonen müssen, dass menschliches Leben geschützt werden muss.
Das hat Kant getan, wenn er jedem menschlichen Leben einen Selbstzweck zumisst. Das hat die christliche Theologie mit der Aussage über die Ebenbildlichkeit des Menschen unterstrichen. Das sagen die völkerrechtlich anerkannten Menschenrechte, die auf die Menschenwürde hinweisen.
Bei allen Maßnahmen, die menschliches Leben betreffen (z. B. Abtreibung, Organspende, Experimente am Menschen, Sterbehilfe) wird man diesen Gesichtspunkt beachten müssen.

3.9 Ethische Theorien: Handlungsdilemma

Ein terroristischer Anschlag, bei dem eine Frau getötet wird. Zwei Männer, A und B, werden auf der Flucht von der Polizei gefasst. Ob sie die Haupttäter sind oder nur Helfershelfer, kann nicht ermittelt werden. Beide Männer werden angeklagt und vom Anklagevertreter über folgende Möglichkeiten informiert:
Wenn sie beide die Tat gestehen, erhalten beide je 10 Jahre Gefängnis. Wenn sie beide die Tat leugnen und die Hauptschuld einem unbekannten Dritten zuschieben, erhalten beide je 5 Jahre

Gefängnis, weil sie an der Tat beteiligt waren. Wenn einer die Tat gesteht und alle Hintergründe aufdeckt, der andere dagegen leugnet, aber aufgrund der Aussage des anderen überführt werden kann, erhält der Geständige 3 Jahre Gefängnis, der Leugnende dagegen 20 Jahre Gefängnis.

Die unterschiedliche Höhe des Strafmaßes wird durch die Kronzeugenregelung ermöglicht. Das ist eine gesetzliche Bestimmung in Deutschland, nach der terroristische Straftäter, die sich der Justiz stellen und gegen Mittäter aussagen, ein Strafnachlass zugesichert werden kann. Für Kronzeugen, die des Mordes schuldig sind, ist eine Mindeststrafe von drei Jahren festgelegt. Ziel der Kronzeugenregelung ist die Verhinderung weiterer Straftaten. Eine Ausweitung der Kronzeugenregelung auf das organisierte Verbrechen (Geldfälschung, Rauschgift- und Menschenhandel, Zuhälterei, Schutzgelderpressung) ist 1994 an dem von der SPD dominierten Bundesrat gescheitert.

Die beiden Männer A und B sitzen nicht in einer Zelle, sondern sind gleich nach der Festnahme getrennt worden. Sie können ihre Aussagen nicht absprechen. Jeder für sich muss überlegen, mit welcher Aussage er am besten wegkommt. Beide wissen, dass sie den Anschlag ohne einen Dritten gemeinsam geplant und durchgeführt haben. Sie wissen aber auch, dass ihnen die Polizei die Hauptschuld nicht nachweisen kann und dass die Polizei mit einem möglichen Dritten rechnet.
A kann nun Folgendes überlegen:
Wenn ich gestehe, handle ich mir 3 Jahre als Kronzeuge oder 10 Jahre Gefängnis ein, je nachdem, ob B leugnet oder ebenfalls gesteht.
Wenn ich leugne, handle ich mir 5 Jahre oder 20 Jahre Gefängnis ein, je nachdem, ob B auch leugnet oder gesteht und damit zum

Kronzeugen wird. A vermutet, dass B in gleicher Weise überlegt. Man kann dieses Beispiel auf die Gesellschaft übertragen. Die guten oder schlechten Folgen meiner Handlung hängen immer davon ab, wie der andere reagiert. Wir haben unser Schicksal nicht selbst in der Hand, sondern sind in viele andere Zusammenhänge verflochten. Wenn ich nun weiß, und einiges spricht dafür, dass wir in einer Gesellschaft leben, in der jeder in erster Linie auf seinen eigenen Vorteil bedacht ist, dann wird man nicht umhin können, von den beiden möglichen schlechten Ergebnissen das zu wählen, das noch am besten ist oder etwas weniger schlimm ist.

Das wäre im Falle der beiden Übeltäter das Geständnis, im schlimmsten Falle also 10 Jahre Gefängnis. Wenn A leugnet, läuft er Gefahr, für 20 Jahre hinter Gefängnismauern zu landen. Vielleicht ist dies auch ein Beleg für die Wahrheit des Sprichwortes: Ehrlich währt am längsten.

4 Probleme der Ethik

4.1 Wahrhaftigkeit – Lüge

Problemstellung

Zierliches Betrügen

Wer möchte diesen Erdenball
Noch fernerhin betreten,
Wenn wir Bewohner überall
Die Wahrheit sagen täten.

Ihr hießet uns, wir hießen euch
Spitzbuben und Halunken,
Wir sagten uns fatales Zeug,
Noch eh' wir uns betrunken.

Da lob ich mir die Höflichkeit,
Das zierliche Betrügen.
Du weißt Bescheid, ich weiß Bescheid,
Und allen macht's Vergnügen.

Wilhelm Busch

In ironisch-heiteren Versen drückt Wilhelm Busch aus, was wir alle wissen und wonach wir uns im Alltag auch richten, dass nämlich das Sagen der Wahrheit uns selbst und anderen nicht immer gut tut. Allerdings müsste man noch genauer zwischen Wahrheit und Wahrheit unterscheiden. Was in der zweiten Strophe als Wahrheit erscheint, ist ja nur die Meinung, die man von einem anderen hat. Diese Meinung kann sehr einseitig sein und muss nicht unbedingt den Charakter des anderen zutreffend beschreiben. Von dieser Meinungs-Wahrheit sollte man die Realitäts-Wahrheit unterscheiden, die objektiv nachprüfbar ist. Wenn ich einem anderen am Krankenbett sage, dass er wieder gesund werden wird, gerade vorher aber vom Arzt gehört habe, dass er eine unheilbare Krankheit hat und wohl bald sterben wird, dann sage ich etwas, von dem ich genau weiß, dass es so nicht ist. Ich sehe mal davon ab, dass sich auch Ärzte in ihren Aussagen irren können. Das ist jedenfalls nicht die Begründung dafür, dass ich dem Todkranken die Heilung in Aussicht stelle.

Während in den Versen von Wilhelm Busch die Menschen das, was sie für die Wahrheit halten, aus Höflichkeit nicht sagen, verschweigen Menschen am Krankenbett das, was die Wahrheit ist, aus Mitleid mit dem Kranken, dem sie die Hoffnung nicht nehmen wollen.

In beiden Fällen haben Menschen gute Gründe, die Wahrheit oder was sie dafür halten, nicht zu sagen. Die guten Gründe liegen in beiden Fällen bei dem anderen.

Es ist gibt auch Gründe, die in mir selbst liegen. Ich lüge, um mich selbst aus einer bedrohlichen Lage zu retten. „Ich war es nicht! Ich habe es nicht getan!“, sagt der Schüler, wenn man ihn neben dem zertrümmerten Klassenschrank antrifft. Würde er es zugeben, müsste er mit schlimmen Folgen rechnen. Deshalb eine „Notlüge“.

Drei Fälle, in denen Menschen nicht sagen, was sie wissen oder denken. Ist das immer in Ordnung? Oder sollen wir sagen, dass das Lügen zugunsten anderer gut ist, während das Lügen zu eigenen Gunsten schlecht ist?

Lösungsansätze

Der Philosoph Immanuel Kant greift den Fall aus, dass ein zu Unrecht Verfolgter sich im Hause eines Freundes mit dessen Wissen versteckt hält. Die Verfolger kommen an die Tür des Freundes und fragen, ob er den Flüchtling versteckt hält. Es ist klar, dass sie den Flüchtigen, wenn sie denn haben, töten werden. Was soll der Freund antworten?

Kant ist der Meinung, man müsse immer die Wahrheit sagen. Es gebe kein vermeintliches Recht, aus Menschenliebe zu lügen. Für die Folgen, die sich aus dem Sagen der Wahrheit ergeben, ist der Freund nicht verantwortlich. Wenn er lügt, wäre er aber dafür verantwortlich, dass die Menschen den Glauben daran verlieren, dass der andere die Wahrheit sagt. Man stelle sich einmal vor, wie das Leben aussähe, wenn ich keiner einzigen Aussage meiner Mitmenschen mehr Glauben schenken könnte. Die Wahrheit ist eine „Rechtsquelle“, wie Kant sagt, die das Zusammenleben der Menschen erst möglich macht.

> Es ist also ein heiliges, unbedingt gebietendes, durch keine Konvenienzen (= Bequemlichkeiten) einzuschränkendes Vernunftgebot: in allen Erklärungen wahrhaft (ehrlich) zu sein.
>
> Immanuel Kant

Dass eine solche Einstellung auch schlimme Folgen haben kann, sieht man an dem Fall, den der norwegische Dichter Henrik Ibsen im Schauspiel „Die Wildente“ dargestellt hat:
Da lebt Hjalmar Ekdal mit seiner Frau Gina zusammen und weiß nicht, dass das, was er sein Heim nennt, auf eine Lüge gegründet ist. Der alte Wehrle hat nämlich seine Haushälterin Gina geschwängert und dann an Hjalmar verkuppelt, der annimmt, dass

ihr Kind Hedwig sein eigenes Kind ist. Gregers Wehrle, der Sohn des alten Wehrle, erfährt davon, und weil er sich mit seinem Vater zerstritten hat, dem er vorwirft, Gregers Vater ins Elend gestürzt zu haben, will er seinen Freund Gregers über die wahren Zusammenhänge aufklären.
Er mietet sich bei den Ekdals ein, sieht, wie der alte Ekdal auf dem Dachboden sich eine Art Jagdrevier mit einer Wildente eingerichtet hat und wie der junge Ekdal irgendeiner abstrusen Erfindung nachjagt, und lernt den Theologiestudenten Molvik und Dr. Relling kenne, zwei verbummelte und verkrachte Existenzen, die bei den Ekdals aus- und eingehen.
Gregers hält es für seine Aufgabe, in diesem Milieu aus Lüge und Täuschung aufzuräumen, eine ganz neue Lebensführung einzurichten, ein Zusammenleben in Wahrheit und Aufrichtigkeit. Aber er erreicht das Gegenteil. Hjalmar verlässt das Haus der Schande, und die 14-jährige Hedwig erschießt sich auf dem Dachboden, was später in der üblichen Lebenslüge als Unfall dargestellt wird. Dr. Relling spricht am Schluss die Erkenntnis aus: „Nehmen Sie einem Durchschnittsmenschen die Lebenslüge, und Sie nehmen ihm zu gleicher Zeit das Glück."

4.2 Freiheit – Strafe

Problemstellung

Am 29. Mai 1993 kamen bei einem Brandanschlag in Solingen fünf türkische Frauen und Mädchen ums Leben. Vier weitere Mitglieder der Familie Genz überlebten das Inferno mit schwersten Verletzungen. Eine Woche nach dem Anschlag wurden die Täter gefasst: vier junge Männer im Alter von 16, 17, 19 und 23 Jahren. Wut über ein Lokalverbot und Suff waren die Auslöser,

um das Haus der türkischen Familie in Brand zu setzen. Bei einem der Festgenommenen wurden Pamphlete der „Nationalistischen Front“ entdeckt. Von dem 16-Jährigen berichteten die Zeitungen:

Schon mit sechs Jahren galt der Junge, der ohne Vater aufwuchs, als „verhaltensgestört“. Er attackierte regelmäßig Spiel- und Schulkameraden mit Steinen und warf auch Steine von Brücken. Weder die Mutter noch die Lehrer wurden mit ihm fertig; mit acht Jahren kam er in das Heim der „freiwilligen Erziehungshilfe“. Ein Betreuer: „Seither haben sich die Erzieher an ihm die Zähne ausgebissen.“ Von Gleichaltrigen wurde der Junge abgelehnt, weil ihnen seine Anfälle von blinder Zerstörungswut unheimlich waren.
Wegen „beschränkter Intelligenz“ war er für pädagogische Einflussnahme nur bedingt zugänglich. Eine positive Wende vermerkten seine Erzieher nach einem „erziehungspädagogischen Urlaub“ in Schweden. Im August 1991 nahm die Mutter ihn wieder auf. Doch schon bald brach wieder der Hass in ihm auf – auf Menschen und „alles, was heil ist“. Er gehörte keiner rechtsextremistischen Gruppe an, fiel Nachbarn aber durch „ausländerfeindliches Gelaber“ auf. Er bemühte sich um Anschluss an Fußballfan-Gruppen, bei Skinheads und Nachbarjungen, wurde aber als „Spinner“ und „Chaot“ abgelehnt. In seinen ersten Vernehmungen nach der Festnahme gab er heftige ausländerfeindliche Äußerungen von sich. Doch die Ermittler kamen zu dem Schluss, dass er „eigentlich gegenüber allen Menschen feindlich“ eingestellt ist.

Welche Strafe soll der 16-Jährige erhalten?

Lösungsansätze

Strafe ist ein Übel, das einem zugefügt wird, wenn man eine Handlung ausgeführt hat, die soziale Rechtsgüter (Leben, Gesundheit, Freiheit, Ehre, Eigentum) verletzt hat. Strafe hat also in erster Linie keine sittliche, moralische oder religiöse, sondern eine soziale Aufgabe. Sie soll mithelfen, das soziale Zusammenleben der Menschen zu ermöglichen. Ein Richter ist deshalb nicht ein Agent der Kirchen, der Moraltheologen oder der Philosophen. Er soll Strafen in diesem sozialen Sinne verhängen, wenn soziale Rechtsgüter anders nicht zu schützen sind.
Dennoch steht das Strafen unter ethischem Vorbehalt. Man muss nämlich überlegen, wozu Strafen gut sind. Drei Theorien bestimmen in der Gegenwart richterliches Handeln.

Vergeltungstheorie

Die Vergeltungstheorie geht von der wieder auszugleichenden Gerechtigkeit aus. Der Straftäter hat sich gegenüber seinen Mitbürgern eine Ausnahmestellung angemaßt, die mittels Strafe ausgeglichen werden muss.
Der Vorteil dieser Theorie liegt darin, dass die Strafe nie härter sein darf als die Schuld, die der Täter auf sich geladen hat.
Der Nachteil dieser Theorie liegt darin, dass sie kalt und herzlos, eben gerecht sein will und dass weitergehende Überlegungen, die den Täter und seine Motive betreffen oder die Auswirkungen auf die Gesellschaft mit bedenken, keine Rolle spielen und auch nicht spielen dürfen.

> Selbst wenn sich die bürgerliche Gesellschaft mit aller Glieder Einstimmung auflöste (zum Beispiel das eine Insel bewohnende Volk beschlösse, auseinander zu gehen und sich in die Welt zu zerstreuen) müsste der letzte im Gefängnis befindliche Mörder hingerichtet werden.
>
> Immanuel Kant

Abschreckungstheorie

Das Ziel dieser Theorie ist der Schutz der Allgemeinheit, weshalb die Theorie wissenschaftlich die Theorie der „Generalprävention" (general = allgemein, Prävention = Vorbeugung) genannt wird. Die Strafandrohung soll den möglichen Rechtsbrecher abschrecken und dazu bewegen, von seinem Vorhaben abzulassen.
In manchen Fällen scheint die Theorie zu funktionieren (Steuerhinterziehung, Versicherungsbetrug, Autofahren unter Trunkenheit), in anderen wiederum nicht (Gewaltverbrechen).
Der Vorteil dieser Theorie liegt darin, dass sie den Rechtsfrieden wieder herstellt und insgesamt das Rechtsbewusstsein der Bevölkerung stärkt.
Der Nachteil dieser Theorie liegt darin, dass sie Höhe der Strafe flexibel hält, sodass jemand um der Abschreckung willen unter Umständen härter bestraft wird, als es der Tat gegenüber angemessen wäre. Der Täter wird dann nicht mehr als Mensch gesehen, sondern als Mittel zur Erreichung eines bestimmten Zweckes. Außerdem müsste man im Falle von ehemaligen Nazi-Verbrechern, die selbst im hohen Alter noch gefasst und vor Gericht gestellt werden, auf Strafe ganz verzichten, weil man unter den gegenwärtigen politischen Verhältnissen nicht mehr von solchen Taten abschrecken muss.

Aus der sozialen Funktion der Strafe folgt natürlich auch, dass Strafe nicht nur für die Wiederherstellung des Rechtsfriedens in der Rechtsgemeinschaft, sondern auch bezüglich des einzelnen bestraften Täters eine soziale Funktion haben muss. Für die Sozialisation der Gemeinschaft gilt, dass Strafe nur dort angedroht werden darf, wo sie mehr sozialen Nutzen als sozialen Schaden verursacht. Nur zum Nutzen der Sozietät, mindestens zum überwiegenden Nutzen der Gesellschaft darf Strafe eingesetzt werden. „Gerechte" Bestrafung kann auch sozial schädlich sein.

Jürgen Baumann

Wiedereingliederungstheorie

Diese Theorie wird auch die „Resozialisierungstheorie" genannt, weil man durch Strafe erreichen möchte, dass der Täter sich innerlich verändert, den Sinn unserer Rechtsordnung begreift und sich wieder in die Gesellschaft eingliedert („re" = wieder, „sozialisieren" = zu einem Mitglied der Gemeinschaft machen).

Der Vorteil dieser Theorie liegt darin, dass sie den Täter als Menschen sieht, der noch nicht verloren ist und der auf den rechten Weg zurückgeführt werden soll, ihm aber gleichzeitig durch Strafe in begrenztem Umfang zu der Standhaftigkeit verhilft, nicht wieder rückfällig zu werden.

Der Nachteil dieser Theorie liegt darin, dass nicht die Tatschwere, sondern allein die Erziehungsbedürftigkeit des Täters bei der Strafzumessung eine Rolle spielt. Bei einem einsichtigen Täter könnte die Strafe fast entfallen, während bei einem uneinsichtigen Täter die Theorie glatt versagt. Im Übrigen ist immer wieder zu beobachten, dass der Strafvollzug, der auf Resozialisierung setzt und deshalb mit Strafaussetzung auf Bewährung, bedingter

Entlassung mit Meldepflicht, Hafturlaub, offenem und halb offenem Strafvollzug arbeitet, in Konflikt gerät mit dem Bedürfnis der Öffentlichkeit nach Schutz vor solchen Tätern.

Im Strafvollzug ist auf die sozial zweckmäßige Ausgestaltung zu achten. Der Vollzug ist so anzulegen, dass für die Gesellschaft nicht nur Kosten, sondern ein Nutzen dabei herauskommt. Das bedeutet, dass im Vollzug zu resozialisieren und dem Rückfall vorzubeugen ist.

Jürgen Baumann

Ergebnis:

Keine der Theorien kann für sich allein genommen das Rechtsbewusstsein befriedigen. Deshalb hat man immer wieder versucht, eine Vereinigungstheorie zu formulieren, bei der die Vorzüge aller drei Theorien berücksichtigt werden, die Nachteile aber so gut wie ausgeschlossen werden.

Vereinigungstheorie

Strafe ist durch die Tatschuld erforderlich und zugleich begrenzt (Vergeltungstheorie). Der dadurch eröffnete Rahmen der Strafzumessung muss ausgefüllt werden unter Berücksichtigung der besonderen Umstände von Täter und Tat (Wiedereingliederungstheorie) und dem legitimen Bedürfnis der Gesellschaft nach Schutz (Abschreckungstheorie).
Unter Berücksichtigung der Vereinigungstheorie: Welche Strafe wäre für den 16-jährigen Brandstifter von Solingen angemessen und erforderlich?
Nach 125 Prozesstagen fiel am 13. Oktober 1995, also über zwei Jahre nach der Tat, das Urteil im Prozess gegen die vier Brandstifter von Solingen. Obwohl viele mit Freisprüchen gerechnet

hatten, verhängte das Oberlandesgericht Düsseldorf jeweils die Höchststrafe: zehn Jahre Jugendstrafe gegen drei der Angeklagten, die zum Zeitpunkt der Tat noch nicht 21 Jahre alt waren, und fünfzehn Jahre Haft für den zum Zeitpunkt der Tat bereits Erwachsenen.
Die Härte des Urteils, die manchem als noch zu milde erscheinen mag, ist wohl durch die Abschreckungstheorie zu erklären. Nach den Anschlägen von Hoyerswerda, Rostock und Mölln war klar geworden, dass der militante Rechtsextremismus kein rein ostdeutsches Phänomen war. Deshalb wollte die Justiz rechtzeitig ein Signal setzen.
Der Streit über den Zweck der drei Straftheorien ist auch durch die Vereinigungstheorie nicht zu überwinden. Im Bundestagswahlkampf 1998 stellten „Die Grünen" in ihrem Parteiprogramm die Forderung auf, die lebenslängliche Freiheitsstrafe abzuschaffen.

Eine Abschaffung dieser Sanktionsmöglichkeit würde den Verurteilten keine Vorteile bringen. Besonders gefährliche Täter kämen nach der Haft in Sicherheitsverwahrung oder eine andere Form der Unterbringung und blieben damit auch weiterhin in Haft.

Peter Caesar (Justizminister von Rheinland-Pfalz, „FDP")

Die lebenslange Haftstrafe sei unverzichtbar, insbesondere auch, um die Gesellschaft vor den schlimmsten Kriminellen zu schützen.

Manfred Kanther (Bundesinnenminister, „CDU")

Mit der SPD werde es keine Vereinbarung über die Abschaffung von lebenslang geben. Wichtiger als eine Diskussion über lebenslange Freiheitsstrafen sei aber zum Beispiel die Gewissheit, dass gefährliche Sexualstraftäter nicht frei umherlaufen könnten.

Franz Müntefering (Bundesgeschäftsführer, „SPD")

Die derzeitige lebenslange Höchststrafe sei menschenunwürdig. Sie stehe im Widerspruch zu dem auf Resozialisierung ausgerichteten Strafvollzug in der Bundesrepublik. Für Schwerstverbrecher müssten Betreuungskonzepte für die Zeit nach der verkürzten Haftverbüßung erarbeitet werden. An die Stelle von lebenslang solle eine hohe zeitige Freiheitsstrafe mit einem Strafrahmen von zehn bis fünfzehn Jahren treten.

Kerstin Müller (Fraktionssprecherin, „Die Grünen")

4.3 Solidarität – Arbeitslosigkeit

Problemstellung

Der Markt ist der Ort, an dem sich Käufer und Verkäufer von Waren treffen. Ist eine Ware im Überfluss vorhanden und die Nachfrage zudem gering, sinken die Preise. Ist das Warenangebot knapp und die Nachfrage stark, ziehen die Preise an.

Beim Arbeitsmarkt ist es so ähnlich. Dort begegnen sich Arbeitgeber und Arbeitnehmer und handeln für die Ware (Arbeitskraft) die Preise (Lohn oder Gehalt) aus. Dieser Markt müsste sich nach klassischer Annahme selbst regulieren und zur Vollbeschäftigung führen.

Dass es aber nicht so ist, hat verschiedene Ursachen, nämlich

- konjunkturelle. Es kommt vor, dass bestimmte Güter (z. B. Autos) oder Dienstleistungen (z. B. Taxifahrten) nicht mehr nachgefragt werden. Dann werden Arbeiter entlassen, die man nur in Arbeit halten könnte, wenn man die Löhne für alle senken würde.

- strukturelle. Es kommt vor, dass veraltete Herstellungsverfahren vom Markt verschwinden und durch moderne Fertigungsmethoden (z. B. Roboter in der Autoproduktion) ersetzt werden. Auch die Verlagerung der Arbeit in Billiglohnländer bewirkt Arbeitslosigkeit, wenn z. B. die an der Nordsee gefangenen Krabben in Portugal gepult werden.

- saisonale. Es kommt vor, dass Arbeitnehmer kurzfristig arbeitslos werden (z. B. Bauarbeiter im Winter, Skilehrer im Sommer), weil nicht jede Arbeit bei jedem Wetter ausgeführt werden kann.

Lösungsansätze

Wenn eine Gesellschaft daran interessiert ist, im Rahmen der freien Marktwirtschaft ständig die neuesten und besten Produkte zu bekommen, dann muss sie aus Solidarität (= Zusammengehörigkeitsgefühl, Gemeinsinn) für diejenigen eintreten, die durch dieses Bestreben ihre Arbeit verlieren. Die freie Marktwirtschaft braucht also eine soziale Komponente.

Die Auswirkungen der Arbeitslosigkeit können mitunter schlimm sein:

- Der Lebensstandard sinkt.

- Die beruflichen Aufstiegschancen nehmen ab.

- Körperliche und seelische Krankheiten (Alkoholismus) stellen sich ein.

- Kinder leiden in ihrer Erziehung.

- Die Demokratie nimmt u. U. Schaden durch die zunehmende Zahl rechtsextremistischer Wähler.

Damit diese schlimmen Folgen möglichst verhindert oder zumindest gemildert werden, gibt es seit 1927 die Arbeitslosenversicherung, für die Arbeitgeber und Arbeitnehmer zu gleichen Teilen aufkommen müssen.
Unterstützung aus der Arbeitslosenversicherung erhalten nur Arbeitslose, also nicht Berufsunfähige und Erwerbsunfähige. Als arbeitslos gilt, wer keine Arbeit hat, aber arbeitswillig und arbeitsfähig ist.
Die Schwierigkeit liegt im Begriff „arbeitswillig". Darf man einen beruflich qualifizierten Menschen zu einer unqualifizierten Arbeit heranziehen? Könnte man zwangsweise einen arbeitslosen Lehrer als Müllmann oder als Parkwächter einsetzen? Muss der Lehrer die Arbeit annehmen? Darf er sie verweigern? Sollte man bei Verweigerung das Arbeitslosengeld oder die Arbeitslosenhilfe kürzen oder gar streichen?
Ist die Arbeit wirklich unzumutbar oder handelt es sich um einen Drückeberger, der das soziale Netz der Bundesrepublik Deutschland zu seinen Gunsten und zu Lasten anderer strapaziert?

4.4 Gerechtigkeit – Umweltschäden

Problemstellung

Unter „Umwelt" versteht man den natürlichen Lebensraum des Menschen. Das ist einmal die Natur (Erde, Wasser, Luft, Pflanzen, Tiere) und zum anderen das, was der Mensch in der Kultur- und Arbeitswelt einschließlich der Technik geschaffen hat.

Andere Erde
Wenn erst die Bäume gezählt sind und das Laub
Blatt für Blatt auf die Ämter gebracht wird
Werden wir wissen, was die Erde einst war.
Einzutauchen in Flüsse voll Wasser
Und Kirschen zu ernten an einem Morgen im Juni
Wird ein Privileg sein, nicht für Viele.
Gerne werden wir uns der verbrauchten Welt
Erinnern, als die Zeit sich vermischte
Mit Monstern und Engeln, als der Himmel
Ein offener Abzug war für den Rauch
Und Vögel in Schwärmen über die Autobahn flogen
(wir standen im Garten, und unsere Gespräche
hielten die Zeit zurück, das Sterben der Bäume
flüchtige Legenden von Nesselkraut).
Shut up. Eine andere Erde, ein anderes Haus.
(Ein Habichtflügel im Schrank. Ein Blatt. Ein Wasser.)
Christoph Meckel

Der Lyriker Christoph Meckel blickt aus der Zukunft auf einen Zeitpunkt zurück, als die Erde noch in einem Zustand natürlicher Schönheit war. Wir haben aber nichts getan, um das Unheil aufzuhalten. Wir haben uns damit abgefunden und stellen museale Erinnerungsstücke einer besseren Zeit aus.

Der Warnruf vieler Menschen und Verbände, dass wir unsere Umwelt zugrunde richten und uns der eigenen Lebensmöglichkeiten berauben, ist nicht ungehört geblieben. Seit den siebziger Jahren gibt es in Deutschland eine gezielte Umweltpolitik. Bürgerinitiativen, Umweltschutzverbände wie Greenpeace und die Partei Die Grünen haben entscheidende Anstöße gegeben, dass 1986 das Bundesministerium für Umwelt, Naturschutz und Reaktorsicherheit geschaffen wurde. Ähnliche Ministerien gibt es auf Landesebene, wo teilweise der Umweltschutz als Staatsziel in die Verfassung aufgenommen worden ist.

Der Umweltschutz hat sich zum Ziel gesetzt,

- Landschaften vor übermäßiger Bebauung zu schützen,
- Boden und Grundwasser vor Vergiftung zu schützen,
- die Luft vor Verunreinigungen zu schützen,
- die Menschen vor Lärm und Strahlen zu schützen,
- die Tiere und Pflanzen vor Ausrottung zu schützen.

Dieses Ziel kann man erreichen durch

- technische Maßnahmen (Filter, Katalysatoren, Kläranlagen, Lärmschutzzäune u. a.),

- biologisch-ökologische Maßnahmen (Anlage von Erholungsgebieten, Ausweisung von Natur- und Landschaftsschutzgebieten, Naturschutz).

Wenn aber trotzdem einmal etwas passiert, taucht das Problem auf, wer für die Schäden aufzukommen hat. Dabei sollte es schon gerecht zugehen.

Lösungsansätze

1. Der Verursacher zahlt.

Für die Kosten muss der Verursacher aufkommen. Wenn eine Firma ein Produkt herstellt, mit dem die Umwelt belastet wird, muss sie für diese Belastung einen Preis zahlen. Den kann sie nur dadurch hereinholen, dass sie das Produkt verteuert. Der Konsument wird dann dieses Produkt nicht mehr so häufig kaufen, weil eine andere Firma, die umweltschonender produziert, dasselbe Produkt in vergleichbarer Qualität billiger anbieten kann. Dadurch entsteht ein Verbraucherdruck auf die erste Firma, ihr Produkt auch umweltschonender zu produzieren. Derselbe Effekt würde eintreten, wenn man vom Verbraucher über das Produkt eine Umweltsteuer erheben würde. Es gibt solche Überlegungen z. B. für die Gestaltung des Benzinpreises. Man nennt das dann eine „ökologische“ Steuerreform.

Manchmal ist es kaum möglich, den Verursacher eines Schadens zu finden, wenn z. B. irgendwo etwas in einen Fluss eingeleitet wird, das Fischsterben aber erst viele Kilometer entfernt von der Einleitungsstelle beobachtet wird, wobei man nie genau weiß, ob nicht auf dem Wege dorthin von einem anderen etwas eingeleitet wurde, das erst in Kombination mit dem ersten Stoff zum tötenden Gift wurde.

Dann kann man das Verursacherprinzip auch nicht anwenden. Eine weitere Schwierigkeit des Verursacherprinzips liegt darin, dass man bei einem Schaden diesen nur schwer in Geldeinheiten berechnen kann.

2. Die Allgemeinheit zahlt.

Man kann die Kosten für die Umweltbelastung auch auf die Allgemeinheit umlegen. Das wird man immer dann tun, wo man den Verursacher und den Belasteten nicht so eindeutig ausmachen kann. Die Autoabgase werden von den Autofahrern erzeugt, aber eigentlich auch von den Fahrzeugherstellern. Wer soll für Schäden aufkommen? In diesem Falle tragen die öffentlichen Haushalte die Kosten. Das hat den großen Nachteil, dass für den Verursacher überhaupt kein Anreiz mehr besteht, den Schaden zu vermeiden.

Die Allgemeinheit zahlt auch dann, wenn man zwar den Verursacher kennt, man ihm aber nicht zumuten kann, für den Schaden aufzukommen. Das trifft für viele mittelständische Betriebe zu, denen der Staat Steuererleichterungen gewährt oder direkte Zuschüsse gibt, damit sie in technische Vorrichtungen zur Schadensminderung investieren (= Geld einsetzen) können.

3. Keiner muss zahlen, wenn Schäden vermieden werden.

Am besten wäre es natürlich, die Umweltschäden würden erst gar nicht entstehen. Dieses Vorsorgeprinzip kann man zum Gesetz erheben wie z.B. in § 1 des Bundes-Immissions-Schutzgesetzes, aber wenn die Grenzwerte von rigorosen Naturschützern sehr niedrig angesetzt werden, dann kann unter Umständen nichts mehr produziert werden. Lockert man die Schraube und setzt die Grenzwerte etwas höher an, dann kann man wiederum die Folgen für die Gesundheit der Bevölkerung nicht recht abschätzen.

4. Vernünftige Vereinbarungen stellen alle zufrieden.

Eine moderne Variante der Wiedergutmachung, im Sinne des Täter-Opfer-Ausgleichs auf freiwilliger Basis ohne staatliche Vorschriften, sind Vereinbarungen, die zwischen Umweltschädigern und Geschädigten unmittelbar getroffen werden. Der Staat honoriert solche Vereinbarungen damit, dass er von Zwangsmaßnahmen absieht oder Forschungsprojekte der Industrie fördert.

Der Vorteil dieser Methode liegt darin, dass man nicht lange nach den Verursachern suchen muss, dass die Vereinbarungen schnell getroffen werden können, dass die Gerichte entlastet werden, dass alle Beteiligten zunächst zufrieden sind. Der Nachteil zeigt sich erst dann, wenn der Verursacher sich nicht genau an die Vereinbarungen hält, die dann auch nicht eingeklagt werden können, weil kein rechtsfähiger Vertrag vorliegt, sondern nur eine Vereinbarung auf freiwilliger Basis.

4.5 Frieden – Rüstung

Problemstellung

Fuchs und Igel
Ganz unverhofft an einem Hügel
sind sich begegnet Fuchs und Igel.
Halt, rief der Fuchs, der Bösewicht,
kennst du des Königs Order nicht?
Ist nicht der Friede längst verkündigt,
und meinst du nicht, dass jeder sündigt,
der immer noch gerüstet geht?
Im Namen seiner Majestät -
geh her und übergib dein Fell!
Der Igel sprach: Nur nicht so schnell!
Lass dir erst deine Zähne brechen,
dann wollen wir uns weiter sprechen.
Und alsogleich macht er sich rund,
schließt seinen dichten Stachelbund
und trotzt getrost der ganzen Welt,
bewaffnet, doch als Friedensheld.

Wilhelm Busch

Dieses Gedicht zeigt das Problem der Rüstung ganz deutlich, man muss es nur aus der Fabelwelt in die politische Welt übertragen. Ein nicht gerüsteter Staat wäre einem Angreifer gegenüber wehrlos, würde durch seine Wehrlosigkeit sogar dessen Begehrlichkeit wachrufen. Andererseits liegt in der Rüstung auch immer die Gefahr, diese nicht nur zur Verteidigung, sondern zum Beweis der Stärke auch im Angriff einzusetzen. Rüstung an und für sich ist also weder gut noch böse, sie ist wertneutral. Ihr Charakter erweist sich erst im Rahmen einer bestimmten Politik.

Schon vor 200 Jahren hat der Philosoph Immanuel Kant darauf hingewiesen, dass es Frieden nur im Rahmen einer internationalen Ordnung geben könne, die ausschließlich Staaten umfasst, die sich eine demokratische Verfassung gegeben haben. Dabei liegt es im Wesen eines demokratischen Systems, dass es häufig die Gefahr eines Angriffs von außen unterschätzt, weil es zunächst einmal allen eine friedliche Gesinnung unterstellt. Deshalb gilt es immer wieder, deutlich darauf hinzuweisen, dass die Gefahr eines Krieges durchweg von diktatorischen Systemen ausgeht.

Lösungsansätze

Im Jahre 1979 verständigten sich die USA und die UdSSR in „Gesprächen über die Begrenzung strategischer Waffen" auf eine Einschränkung der Rüstung. Da aber gleichzeitig die Vernichtungskapazitäten im Osten durch neue Raketen gesteigert wurden, fasste die NATO Ende 1979 den Beschluss zu einer Nachrüstung, die 1983 gegen den heftigen Protest der Friedensbewegung nach erfolglosen Verhandlungen mit der UdSSR umgesetzt wurde.
Die Nachrüstungsdebatte in der BRD in diesen Jahren hat die Frage in den Vordergrund gestellt, ob es vertretbar ist, Rüstung zu Verteidigungszwecken vorzunehmen.
Die Befürworter der Nachrüstung rechtfertigten sich durch den Hinweis auf die „Lehre vom gerechten Krieg". Danach ist eine militärische Verteidigung ethisch erlaubt, wenn gewisse Kriterien erfüllt sind:

- Nur die Störung des Friedens kann den Krieg rechtfertigen. Keine Eroberungskriege!

- Grausame Kriegshandlungen (Aktionen der „verbrannten Erde“, Vandalismus, wahllose Zerstörungen) sind verboten.

- Nur die legitime Obrigkeit darf den Krieg erklären.

- Der Krieg kann durch die unverhältnismäßigen Leiden ungerecht werden.

- Es muss zwischen den Kämpfern und der Zivilbevölkerung unterschieden werden. Keine Bombardierung von Städten!

Alle diese Merkmale sollten nicht dazu dienen, Kriege vom Zaun zu brechen, sondern ihre schrecklichen Auswirkungen einzudämmen. Die meisten Gründe entfallen jedoch, wenn man sich die Folgen eines Atomkrieges vorstellt, so dass die „Lehre vom gerechten Krieg“ unter den gegenwärtigen waffentechnischen Bedingungen kaum noch haltbar ist.

Ein Frieden, der auf Abschreckung beruht, sollte folgende Bedingungen erfüllen:

- Die Rüstung sollte die Militärs nicht in die Lage versetzen, Angriffskriege zu führen.

- Die Rüstung muss auf das Mindestmaß der Verteidigung beschränkt bleiben.

- Die Rüstung muss immer noch die Möglichkeit der Abrüstung offen lassen.

Haft für illegalen Rüstungsexport nach Pakistan
Stuttgart ■ Das Stuttgarter Landgericht hat einen Unternehmer aus Leonberg wegen illegaler Rüstungslieferungen für das pakistanische Atomwaffenprogramm zu einer Freiheitsstrafe von drei Jahren und neun Monaten verurteilt. Nach Auffassung der Richter versorgte der 67-Jährige von 1988 bis 1993 die pakistanische Atomindustrie mit Zubehör für die Anreicherung von Uran. Bei den gelieferten Waren handelte es sich vor allem um sogenanntes Spindeln. Diese Aluminiumröhrchen werden in Gas-Ultra-Zentrifugen für das Abschöpfen von atomwaffenfähigem Uran benötigt.

(HNA vom 21.07.1998)

Ein weiteres ethisches Problem ist der Rüstungsexport. Sie sind in der Bevölkerung stark umstritten, durch das Kriegswaffenkontrollgesetz und die Außenwirtschaftsordnung aber geregelt. Der Grundgedanke dieser Vorschriften besagt, dass Waffenlieferungen in Spannungsgebiete verboten sind. Viele Güter lassen sich aber sowohl zivil als auch militärisch nutzen, so dass Entscheidungen auf diesem Gebiet sehr schwer zu treffen sind.

4.6 Toleranz – Menschenrechte

Problemstellung

Die moderne Auffassung vom Wesen eines demokratischen Staates bezieht sich auf Vorstellungen, die in der Aufklärungszeit vertreten wurden und die sich im Kampf gegen die absolutistischen (= die Gewalt ausschließlich in ihren Händen haltenden) Fürsten des 17. Und 18. Jh.s herausgebildet hatten. Grundlage war die Behauptung, jedem Menschen kämen natürliche Rechte zu, die ewig und unveränderlich seien. Über viele Zwischenstufen und oft blutige Auseinandersetzungen um diese Rechte kam es am 10. Dezember 1948 zur „Allgemeinen Erklärung der Menschenrechte“, die von der Generalversammlung der UN (bei 8 Stimmenthaltungen der Länder des Sowjetblocks, Südafrikas und Saudiarabiens) angenommen wurde.

Die ersten 10 Artikel dieser Erklärung der Menschenrechte lauten (in verkürzter Fassung):

1. Alle Menschen sind frei und gleich an Würde und Rechten geboren.
2. Jeder Mensch hat Anspruch auf die in dieser Erklärung verkündeten Rechte und Freiheiten ohne irgendeine Unterscheidung, wie etwa nach Rasse, Farbe, Geschlecht, Sprache, Religion, politischer Überzeugung, nationaler oder sozialer Herkunft, nach Eigentum oder sonstigen Umständen.
3. Jeder Mensch hat das Recht auf Leben, Freiheit und Sicherheit der Person.
4. Niemand darf in Sklaverei gehalten werden.
5. Niemand darf der Folter oder grausamer, unmenschlicher oder erniedrigender Behandlung oder Strafe unterworfen werden.
6. Jeder Mensch hat überall Anspruch auf Anerkennung als Rechtsperson.
7. Alle Menschen sind vor dem Gesetz gleich.
8. Jeder Mensch hat Anspruch auf wirksamen Rechtsschutz.
9. Niemand darf willkürlich festgenommen, in Haft gehalten oder des Landes verwiesen werden.
10. Jeder Mensch hat Anspruch auf ein öffentliches Verfahren vor einem unabhängigen Gericht.

50 Jahre nach Erklärung der Menschenrechte ist die Bestandsaufnahme erschreckend. Rund 15 Millionen Menschen sind auf der Flucht vor einem Bürgerkrieg. Menschenrechtsverletzungen sind an der Tagesordnung und betreffen oft ganze Völker, wie beispielsweise in Tibet und im Kosovo. Die mächtigen Staaten der Erde zeigen oft zu wenig Verantwortung, obwohl sie um die Missachtung der Menschenrechte wissen.

Je nach ihrem eigenen wirtschaftlichen Nutzen greifen sie nur selten und nicht grundsätzlich ein.
Was ist angesichts dieser Lage zu tun? Worauf können wir unsere Hoffnung setzen?

Lösungsansätze

amnesty international (ai)
ist eine unabhängige und überparteiliche, weltweit agierende Hilfsorganisation, die sich für die Freilassung politischer Gefangener einsetzt. 1961 gegründet, betreut sie Häftlinge, die ohne ordentliches Gerichtsverfahren inhaftiert worden sind. Durch Kontrolle, Nachforschungen und Auflistung von Verstößen sowie durch Briefbetreuung von Gefangenen versucht ai seinen Einfluss zugunsten der Gefangenen geltend zu machen. Die Arbeit wird durch Spenden finanziert. Weltweit hat die Organisation 1,1 Millionen Mitglieder, in Deutschland etwa 20000. 1977 erhielt ai den Friedensnobelpreis.

Der Europäische Gerichtshof für Menschenrechte
wurde 1950 eingerichtet, um Unterdrückungsmaßnahmen von Seiten europäischer Regierungen zu überwachen. Jeder Bürger darf sich an diesen Gerichtshof wenden und seine eigene Regierung anklagen. Jeder Unterzeichnerstaat stellt einen Richter für den Gerichtshof, der seinen Sitz in Straßburg hat.

Der Internationale Strafgerichtshof
wurde 1998 eingerichtet. Er soll Völkermord, Verbrechen gegen die Menschlichkeit und Kriegsverbrechen verfolgen. Dieses Welt-Strafgericht ist eines der ehrgeizigsten Projekte in der UN-Geschichte. Wo immer Tyrannen und Soldaten die Rechte der Menschen mit Füßen treten, wo Milizen foltern, brandschatzen

und vergewaltigen, sollen die Richter einschreiten. Das Weltgericht mit 18 Richten hat seinen Sitz in Den Haag. Die USA und China haben gegen die Vorlage gestimmt, die erst noch von allen Staaten ratifiziert (= von der jeweiligen Regierung in Kraft gesetzt) werden muss. Menschenrechtsorganisationen wie ai bemängeln am Vertrag, dass es zu viele Schlupflöcher für Kriegsverbrecher gibt. Besonders umstritten ist eine Regelung, die vorsieht, dass eine Regierung eine Frist von sieben Jahren festlegen kann, in der ihre Kriegsverbrecher nicht verfolgt werden dürfen.

Boykott

ist der Abbruch der geschäftlichen, sozialen oder sonstigen Beziehungen zu einem Staat mit dem Ziel, ihn zu einer Verhaltensänderung zu zwingen. Der Boykott kann sich auf die Absage zur Teilnahme an Veranstaltungen (z. B. der Olympischen Spiele) beziehen oder zum Verzicht auf den Kauf bestimmter Produkte aufrufen.

Beispiele für solche Maßnahmen in der Vergangenheit waren

- Verzicht auf den Kauf von Südfrüchten aus Südafrika wegen der Apartheid-Politik,
- Verzicht auf den Kauf französischer Produkte nach einer Serie von Atomtests im Südpazifik,
- Verzicht auf den Kauf von Benzin der Firma Shell nach der vorgesehenen Versenkung einer Bohrinsel in der Nordsee.

Der Erfolg solcher Boykott-Maßnahmen ist umstritten.

5 Ein Weg zu begründetem Urteilen

Schritte und Fragestellungen

1. **Problemfeststellung**
   Was ist an dem „Fall“, der mein Urteil erfordert, eigentlich das Problem?
   Bin ich persönlich in die Angelegenheit verstrickt?
   Welche persönlichen Interessen und Bedürfnisse werden berührt?

2. **Situationsanalyse**
   In welchen politischen, gesellschaftlichen und psychologischen Zusammenhängen steht der problematische Sachverhalt?
   Welche verschiedenen Faktoren wirken herein?

3. **Gängige Verhaltensmöglichkeiten**
   Welche verschiedenen Handlungs- und Urteilsmuster bieten sich an und sind in Erwägung zu ziehen?
   Was wären die voraussehbaren Folgen?

4. **Grundsätze**
   Welches sind meine obersten sittlichen Grundsätze? (z.B. Liebe deinen Nächsten.)
   Welches sind die normativen Werte? (z.B. Gerechtigkeit, Wohlwollen)

5. **Entwurf**
   Wie löse ich das Problem?
   Mit welchen Handlungen und Maßnahmen kann ich meine Grundsätze und Werte im gegebenen Fall zur Geltung bringen?

6. **Prüfung der Angemessenheit**
   Wird meine „Lösung“ dem Problem wirklich gerecht?
   Habe ich alle Dinge angemessen berücksichtigt?
   Welche Kritik muss ich erwarten?
   Wie kann ich darauf antworten?

6 So schreibt man sich ein eigenes Lernprogramm

Wer aus einem Buch etwas lernen soll, kann das entsprechende Kapitel durchlesen, beim Lesen einige Stellen markieren und unterstreichen oder ganze Abschnitte am Rand anstreichen und dabei verschiedene Zeichen (Fragezeichen, Ausrufungszeichen, Wellenlinien) benutzen. Er kann auch längere Stellen herausschreiben und auf Karteikarten festhalten, diese immer wieder lesen und dadurch auswendig lernen.
Besonders wirkungsvoll ist das Lernen mit einer Lernkartei und einem Lernprogramm, das man nicht fertig kauft, sondern das man sich selbst anlegt.

Das soll jetzt an einem Beispiel gezeigt werden.
Wir nehmen zwei Abschnitte aus der vorliegenden Broschüre „Ethisch handeln lernen“ (S. 11 und S. 12).
Nach dem ersten Durchlesen hat man einen ungefähren Eindruck, worum es in den beiden Abschnitten geht: Es werden zwei Begriffe eingeführt, nämlich „Ethik“ und „Moral“, und es werden die Bereiche genannt, die das Umfeld der beiden Begriffe bilden.
Beim zweiten Durchlesen markiert man mit zwei verschiedenen Markierungsarten, z. B. zwei unterschiedlichen Farben, die Erklärungen der Begriffe und die inhaltlichen Merkmale.
Das sieht dann folgendermaßen aus:

Das Wort „Ethik“ kommt aus dem Griechischen. „Ethos“ ist der Ort, an dem man zu Hause ist, dann auch eine Bezeichnung für alle Sitten und Gebräuche, alle Gewohnheiten und Gepflogenheiten, die in diesem häuslichen Bereich anzutreffen sind.

Zunächst sind es die ganz persönlichen Eigenarten des Verhaltens, dann aber zunehmend die typischen Umgangsformen von Gruppen oder ganzen Völkern, wobei der persönliche Lebensbereich mit eingeschlossen ist. Ethos ist also ein Verhaltenskodex (Kodex = Sammlung von Gesetzen und Vorschriften), der sich von unmittelbaren Sitten und Gebräuchen ableitet, sich in bestimmten ungeschriebenen Gesetzen niederschlägt und dann Denken, Fühlen, Wollen und schließlich Handeln des einzelnen Menschen bestimmt. Dieses Ethos nennt man auch Moral (von lat. „mores“ = Sitten, Gesittung; vgl. die Redensart: jemanden mores lehren = ihn zurechtweisen, scherzhaft entstellt zu: jemanden Moritz lehren). Die Moral, da geschichtlich bedingt und gruppenbezogen, ist kein einheitliches Gefüge allseits anerkannter Regelungen. Gerade in unserer Zeit gibt es ein hohes Maß an moralischer Unsicherheit.
Die Ethik als die Wissenschaft vom Ethos ist der Überzeugung, dass es neben den verschiedenen voneinander abweichenden Moralauffassungen etwas Letztes, Allgemeingültiges, Unbedingtes gibt, das zu allen Zeiten und an allen Orten in gleicher Weise gelten sollte. Nicht eine Beschreibung („So ist es.“), sondern eine Forderung („So soll es sein!“) ist Inhalt der Ethik. Dass es dieses Unbedingte gibt, wird immer dann deutlich, wenn Einzelne gegen den Zeitgeist, gegen die herrschende Meinung, gegen eine politische Ideologie auftreten und kraft ihres Gewissens etwas tun, was gerade nicht „in“ ist.

Im dritten Durchgang legt man nun die vier Karteikarten an. Auf die Vorderseite kommt die Frage, auf die Rückseite die Antwort. Dabei muss man den Text nicht ganz genau abschreiben, sondern kann ihn auch frei formulieren, wenn man ihn verstanden hat.

1. Frage: Was versteht man unter „Moral"?

Antwort: „Moral" kommt aus dem Lateinischen, von lat. „mores", und bedeutet „Sitte, Gesittung, Brauch, Gewohnheit, Gepflogenheit". „Moral" meint dasselbe wie das griechische Wort „Ethos", das einen Ort bezeichnet, an dem man zu Hause ist.

2. Frage: Auf welche staatlichen und persönlichen Bereiche erstreckt sich die „Moral"?

Antwort: Die „Moral" umfasst die ungeschriebenen Gesetze, die sich auf Denken, Fühlen, Wollen und Handeln einzelner Menschen, ganzer Gruppen und Völker auswirkt.

3. Frage: Was versteht man unter „Ethik"?

Antwort: „Ethik" kommt aus dem Griechischen, hängt zusammen mit dem Begriff „Ethos" und kümmert sich wissenschaftlich um die verschiedenen voneinander abweichenden Moralauffassungen.

4. Frage: Was ist das Ziel der „Ethik" als Wissenschaft?

Antwort: Die „Ethik" zielt auf etwas Letztes, Allgemeingültiges, Unbedingtes, das eine Forderung an die Menschen beinhaltet und nicht eine Beschreibung des Vorhandenen.

Wie man nun diese vier Karteikarten in das größere System einer 5-Fächer-Lernkartei einordnet und gebraucht, kann man an anderer Stelle (P. Fenske, Das kleine Buch vom Lernen, AOL Verlag, Nr. F411) nachlesen.

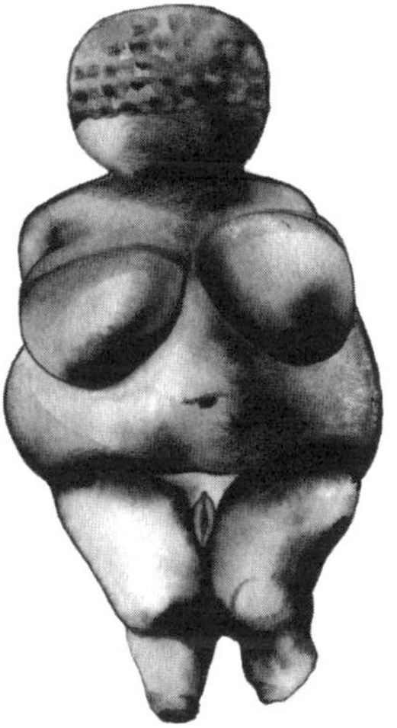

Ethisch handeln lernen

Eth 001 ?

„Moral“ und „Ethik“ stellen im Verhalten eines Menschen zum Mitmenschen, aber auch im Verhalten zur Natur und zu sich selbst, zwei Eckpfeiler dar, auf denen das Leben von Klein- und Großgruppen, ja von ganzen Kulturkreisen beruht.

Was ist mit diesen beiden Eckpfeilern gemeint?

Eth 001 !

Die „Moral“ stellt einen Komplex von Handlungsregeln, Wertmaßstäben und Sinnvorstellungen dar, der nicht nur das persönliche Leben jedes Einzelnen, sondern auch das wirtschaftliche, soziale, politische und kulturelle Leben prägt und leitet.

Die „Ethik“ ist die Wissenschaft, welche die „Moral“, die sich im Laufe der Geschichte herausgebildet hat, beschreibt und kritisch auf ihre Rechtmäßigkeit hin untersucht.

Ethisch handeln lernen

Eth 002 ?

Der Mensch richtet sein Handeln nach verschiedenen Werten aus, die sich zu Normen verfestigen können, wenn sie von vielen Menschen geteilt werden.

Wie lassen sich die beiden Begriffe „Wert“ und „Norm“ bestimmen?

Eth 002 !

Ein „Wert“ ist ein Gut, das in einer bestimmten Situation bevorzugt wird, wie Frieden, Freiheit, Gerechtigkeit, Toleranz und Wahrhaftigkeit.

Unter „Norm“ versteht man eine Regel, ein Muster, einen Maßstab, eine Vorschrift, einen leitenden Grundsatz, dem ein Wert zugrunde liegt.

© AOL Verlag · D-77839 Lichtenau · Nr. F065 · Fon (07227) 9588-0 · Fax 9588-95

Ethisch handeln lernen

Eth 003 ?

Im Laufe der Erziehung lernt ein Mensch Werte und Normen kennen und wird so mit der gesellschaftlichen Moral vertraut gemacht. Diesen Vorgang nennt man „Internalisierung“.

Erkläre den Ablauf dieses Prozesses.

Eth 003 !

Wenn ein Baby merkt, dass z.B. lautes Schreien bei Vater und Mutter auf keine Gegenliebe stößt, dann hat ein Kind internalisiert (= verinnerlicht, in seinem Inneren aufgenommen), dass Schreien eine schlechte Angewohnheit ist. Deshalb lässt man es lieber und passt sich an.

Die Internalisierung von Werten und Normen ist also ein Anpassungsprozess in den ersten Lebensjahren.

© AOL Verlag · D-77839 Lichtenau · Nr. F065 · Fon (07227) 9588-0 · Fax 9588-95

Ethisch handeln lernen

Eth 004 ?

Werte und Normen sind nicht für alle Ewigkeiten gültig. Sie können sich wandeln.

Wovon hängt das ab?

Eth 004 !

Die Gültigkeit von Werten und Normen hängt von drei Faktoren ab:

- von der Zeit – Wenn sich die religiösen, weltanschaulichen Grundsätze ändern, wandelt sich auch die Wertauffassung der Menschen.
- von der Situation – Wenn z.B. Krieg herrscht, gelten andere Werte als in Friedenszeiten.
- von der Kultur – Bei „Wilden“ gelten andere Überzeugungen als bei „zivilisierten“ Menschen.

© AOL Verlag · D-77839 Lichtenau · Nr. F065 · Fon (07227) 9588-0 · Fax 9588-95

Ethisch handeln lernen

Eth | 005 | ?

Manche Philosophen waren der Meinung, jeder solle nur an sich selbst denken und seinem Egoismus frönen.

Was ist mit „Egoismus“ in der Ethik gemeint?

Woran scheitert diese Einstellung als Grundlage einer alle Menschen verpflichtenden Ethik?

Eth | 005 | !

Der „Egoismus“ (von lat. ego = ich) ist die Haltung eines Menschen, der nur an sein eigenes Wohlbefinden denkt und dem die Wünsche anderer Menschen egal sind.

Diese Einstellung als Grundlage einer allgemein gültigen Ethik scheitert daran, dass man dieses Prinzip nicht verallgemeinern kann, denn dann würde man den möglichen eigenen Schaden befürworten.

☐ ☐ ☐ ☐ ☐ ☐ ☐ ☐ ☐ ☐ ☐ ☐ ☐ ☐ ☐

Ethisch handeln lernen

Eth | 006 | ?

Eine bewährte Grundregel zur Beurteilung des richtigen Verhaltens eines Menschen ist die „Goldene Regel“.

Wie lautet sie?

Eth | 006 | !

Es gibt die „Goldene Regel“ in einer positiven und einer negativen Form.

Positive Formulierung: „Tue das, von dem du möchtest, dass es auch dir geschehe.“

Negative Formulierung: „Was du nicht willst, dass man dir tu', das füg' auch keinem andern zu.“

Beide Formen spielen eine wichtige Rolle in der Vorstellung von Gerechtigkeit.

☐ ☐ ☐ ☐ ☐ ☐ ☐ ☐ ☐ ☐ ☐ ☐ ☐ ☐ ☐

Ethisch handeln lernen

Eth | 007 | ?

Die „Tugend“ ist seit den alten Griechen ein Grundbegriff der Ethik.

Beschreibe den Inhalt dieses Begriffes und nenne einige bekannte Tugenden.

Eth | 007 | !

Die „Tugend“ ist eine Haltung, die zu etwas „taugt“, von der man etwas hat, die einem nützt.

Die Griechen kannten vier grundlegende Tugenden: Klugheit, Gerechtigkeit, Tapferkeit, Besonnenheit.

Das Christentum fügte drei weitere Tugenden hinzu: Glaube, Hoffnung, Liebe.

☐ ☐ ☐ ☐ ☐ ☐ ☐ ☐ ☐ ☐ ☐ ☐ ☐ ☐ ☐

Ethisch handeln lernen

Eth | 008 | ?

Wer das Wort „Gesetz“ hört, denkt vielleicht an Einschränkung, Unterdrückung und Unfreiheit. In der Ethik hat dieser Begriff eine sehr viel positivere Bedeutung.

Nenne die Grundsätze der „Gesetzesethik“.

Eth | 008 | !

Der Gedanke der „Gesetzesethik“ wird insbesondere im Christentum vertreten. Dabei wird „Gesetz“ als hilfreiche Mahnung gesehen, sein Leben an bestimmten guten und bewährten Vorschriften auszurichten.

Eine so bewährte, den Mitmenschen achtende Regelung ist das Gebot: Du sollst nicht ehebrechen.

☐ ☐ ☐ ☐ ☐ ☐ ☐ ☐ ☐ ☐ ☐ ☐ ☐ ☐ ☐

Ethisch handeln lernen

Eth | 009 | ?

Manche Ethiker sehen die Gesetze, nach denen sich der Mensch richten soll, in der Natur vorgebildet und haben deshalb eine „Naturrechtsethik“ geschaffen.

Mache an einem Beispiel die Überlegungen des „Naturrechtes“ deutlich.

Eth | 009 | !

Überall in der Natur finden wir den Willen, leben zu wollen, den Selbsterhaltungstrieb. Wir finden ihn nicht nur bei Tieren, sondern auch bei Menschen. Deshalb ist das Recht auf Leben bei jedem Menschen zu achten, egal ob er jung oder alt, weißer oder schwarzer Hautfarbe ist. Das Recht auf Leben ist ein Naturrecht.

Albert Schweitzer wollte dieses Naturrecht auch auf die Tiere ausdehnen.

□ □ □ □ □ □ □ □ □ □ □ □ □ □ □

Ethisch handeln lernen

Eth | 010 | ?

Die Pflichtethik von Immanuel Kant findet ihre deutlichste Ausprägung im „Kategorischen Imperativ“.
Den „Kategorischen Imperativ“ (also den Befehl dem unbedingt Folge zu leisten ist) gibt es in dreifacher Form.

Wie lautet er?

Eth | 010 | !

- Handle so, dass die Norm, nach der du handelst, verallgemeinerungsfähig ist.
- Handle so, dass die Norm, nach der du handelst, wie ein Naturgesetz ansehen werden kann.
- Handle so, dass du einen anderen Menschen niemals ausschließlich zu eigenen Zwecken missbrauchst.

□ □ □ □ □ □ □ □ □ □ □ □ □ □ □

Ethisch handeln lernen

Eth | 011 | ?

Nenne die vier Prinzipien des Utilitarismus (= der Nutzenethik).

Eth | 011 | !

- das Konsequenzprinzip. Achte auf die Folgen deines Tuns!
- das Utilitätsprinzip. Achte darauf, dass nur nützliche Folgen entstehen!
- das Hedonismusprinzip. Das Ziel deines Handelns sollte die Vermehrung von Glück, Lust und Freude sein!
- das Sozialprinzip. Achte darauf, dass möglichst viele von diesem Glück etwas haben!

□ □ □ □ □ □ □ □ □ □ □ □ □ □ □

Ethisch handeln lernen

Eth | 012 | ?

In der Neuzeit tritt in der Ethik ein Gedanke in den Vordergrund: die Verantwortung.

Worin besteht der Unterschied zur Nutzenethik?

Eth | 012 | !

Die Nutzenethik lebte noch von der Hoffnung, man könne die Folgen seines Tuns genau einschätzen.

In der Kerntechnik oder in der Gentechnik können wir die Auswirkungen nicht mehr genau abschätzen. Dennoch sind wir für das, was wir tun, verantwortlich. Einige sagen, gegenüber Gott, andere sagen, gegenüber den kommenden Generationen.

□ □ □ □ □ □ □ □ □ □ □ □ □ □ □

Ethisch handeln lernen

Eth 013 ?

Ein „Dilemma" ist ein Fall, bei dem man in einen schwer zu lösenden Zwiespalt gerät. Das gibt es auch in der Ethik.

Beschreibe einen solchen Fall.

Eth 013 !

Vor einem solchen Dilemma stehen z.B. Ärzte, die ein Herz zur Verpflanzung bekommen haben, auf das drei Patienten warten.

Das Dilemma würde noch dadurch verschärft, dass zwei von ihnen sterben müssten, wenn sie das Herz nicht bekämen. Dabei ist natürlich vorausgesetzt, dass medizinisch gesehen dieses Ersatzherz allen dreien genau passen würde.

☐ ☐ ☐ ☐ ☐ ☐ ☐ ☐ ☐ ☐ ☐ ☐ ☐ ☐ ☐

Ethisch handeln lernen

Eth 014 ?

„Strafe muss sein!", lautet eine bekannte Redensart. Und trotzdem sind sich Richter, Staatsanwälte und Verteidiger nicht darüber einig, welches die Ziele der Strafe sind.
Es gibt drei Theorien.

Wie heißen sie und welches sind ihre Grundsätze?

Eth 014 !

1. Vergeltungstheorie. Das Übel der Tat muss ausgeglichen werden, um den Rechtsfrieden wieder herzustellen.
2. Generalprävention. Die Allgemeinheit muss zukünftig vor solchen Taten geschützt und zukünftige Täter abgeschreckt werden.
3. Spezialprävention. Der Einzelne muss davor bewahrt werden, eine solche Tat noch einmal zu tun.

☐ ☐ ☐ ☐ ☐ ☐ ☐ ☐ ☐ ☐ ☐ ☐ ☐ ☐ ☐

Ethisch handeln lernen

Eth 015 ?

Die Menschenrechte, 1948 von der Generalversammlung der UN beschlossen, sind Naturrechte.

Nenne vier bekannte Menschenrechte.

Eth 015 !

1. Alle Menschen sind frei. Sklaverei und Folter sind abgeschafft.
2. Jeder Mensch hat das Recht auf Leben.
3. Alle Menschen sind vor dem Gesetz gleich. Unterscheidungen nach Rasse, Farbe, Geschlecht, Sprache, Religion und nationaler Herkunft sind verboten.
4. Niemand darf des Landes verwiesen werden.

☐ ☐ ☐ ☐ ☐ ☐ ☐ ☐ ☐ ☐ ☐ ☐ ☐ ☐ ☐

Ethisch handeln lernen

Eth 016 ?

Ethische Probleme zu lösen ist schwer. Dennoch hat sich ein Verfahren zur Urteilsgewinnung bewährt.

Nenne die einzelnen Stufen dieses Verfahrens.

Eth 016 !

1. Das Problem wird genau untersucht.
2. Die Situation aller Beteiligten wird erklärt.
3. Mögliche Lösungsansätze werden benannt.
4. Diese Lösungsansätze werden nach ethischen Grundsätzen gewichtet.
5. Dann wird die Lösung formuliert.
6. Sie muss sich gegen mögliche Einwände verteidigen können.

☐ ☐ ☐ ☐ ☐ ☐ ☐ ☐ ☐ ☐ ☐ ☐ ☐ ☐ ☐

8 Stichwortverzeichnis

Der ergreifende Bericht des englischen Forschers Archibald Leopold Ruthmore über seine aufsehenerregende und verhängnisvolle Reise im Jahre 1850, bei der er im Innern Asiens die letzten Riesen dieser Welt entdeckte.

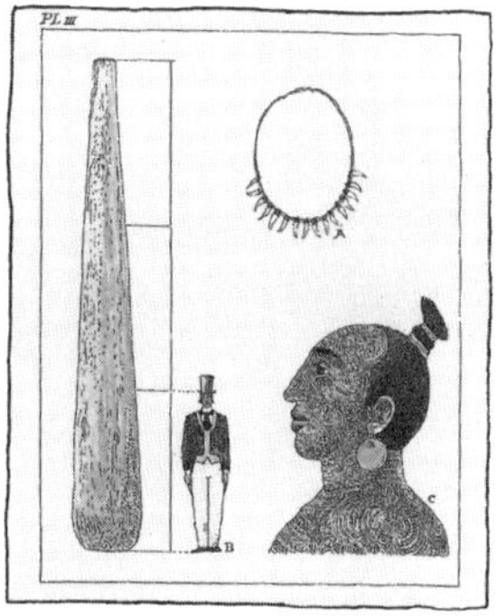

Ruthmore erwirbt im Hafen einen großen Zahn, der über und über mit fremdartigen Gravuren bedeckt ist. Nach einigen Studien entdeckt er darauf eine winzige Landkarte, die ihn auf die Spur der letzten Riesen führt. Er rüstet sich zu einer großen Expedition und gelangt unter unsäglichen Mühen und Abenteuern mit seiner Mannschaft schließlich in die entlegensten Bergregionen Asiens. Unterwegs verliert er alles und bleibt schließlich völlig erschöpft als einziger übrig. In diesem Zustand finden die Riesen den Forscher und pflegen ihn gesund. Die Riesen sind sehr liebenswerte Geschöpfe, und er kann ein Jahr lang an ihrem Leben teilhaben. Dann macht er sich auf zurück nach Hause, um der Welt von seiner Entdeckung zu berichten. Doch niemand glaubt ihm ...
Eine phantastische Erzählung mit realistischen Bildern.

Monika Feth
Lockvogel flieg
224 Seiten

Dole wird am selben Tag zwölf, an dem ihr Großvater siebzig wird. Sie ist nun ein vollwertiges Mitglied der Familie. Und sie könnte rundherum glücklich sein, wäre nicht vor wenigen Tagen ihr Bruder Freddie nach einem heftigen Streit mit dem Vater ausgezogen. Dieser Streit hängt eng mit dem großen Geheimnis der Familie zusammen: Sie sind berufsmäßige Taschendiebe. Dole hat sich immer an die zwölf Gesetze des Clans gehalten – bis sie Jonas kennen lernt. Dessen Vater ist ausgerechnet Polizist.

BERTELSMANN
Kinderbücher